# 屠刀下的花季

## ——南京1937

编　著:房　伟

济南出版社

百花洲文艺出版社

图书在版编目（CIP）数据

屠刀下的花季：南京1937/ 房伟编著. —济南：济南出版社，2007.11
ISBN 978 - 7 - 80710 - 527 - 5

Ⅰ. 屠…　Ⅱ. 房…　Ⅲ. 南京大屠杀—史料—青少年读物
Ⅳ. K265.606

中国版本图书馆 CIP 数据核字（2007）第 160946 号


选题策划　王淑铭


责任编辑　朱　琦
封面设计　麦客中视
出　　版　济南出版社　百花洲文艺出版社
地　　址　济南市二环南路1号　邮编 250002
发　　行　济南出版社发行部发行（0531-86131730）
电　　话　0531 - 86131726　86131727（编辑部）
印　　刷　沂水沂河印刷有限公司
版　　次　2007 年 12 月第 1 版
印　　次　2015 年 9 月 第 5 次印刷
开　　本　787 × 1092mm　1/16
印　　张　12.25
字　　数　190 千
定　　价　36.00 元

（如有印装质量问题，请与承印厂联系调换）

# 目 录

屠刀下的花季

目录

# 引　子

　　亲爱的青少年朋友们，这是一部为你们创作的历史普及作品。南京是一座历史悠久的文化古城。吴宫花草、晋代衣冠、明祖殿堂、天国烽火，记载着多少惊心动魄的史话，传颂着多少可歌可泣的传奇。1937 年，凶残的日本侵略者制造了惨绝人寰的南京大屠杀。血流成河，遍地哀鸿，名城毁于一旦。你们读了这本书，将会了解到，我们多灾多难的民族呵，曾遭受到多少难以想象的痛苦折磨。

　　这也是一部献给大屠杀中青少年的书。豆蔻年华的悲惨生活，青春梦魇的泣血告白，都成为他们心中永远的伤痕。亲爱的青少年朋友们，当你们在春花烂漫的公园与父母亲友欢聚，当你们晚饭后徜徉在灯火阑珊的街头，当你们迎着朝霞唱响嘹亮的歌声，你们可曾会想起那些同龄人？你可曾想到，和平幸福的生活，是多么珍贵，多么来之不易！

　　同时，这也是一部献给反抗者的书。我们绝不是待宰的羔羊！许多平凡的中华儿女，包括广大青少年，不但挺身抗暴，且相互帮助，见义勇为，与日军展开殊死搏斗。尽管他们的抵抗，是如此悲壮而惨烈。但他们以鲜血维护了中华民族的尊严。我们也要感谢那些在屠杀中勇敢帮助难民的外国人。他们用良知见证了中华民族的悲剧，也见证了中华民族不屈的反抗。

　　这更是一部献给未来者的书。1949 年后，在中国共产党领导下重放青春的南京，经过几十年建设，已变成闻名国际的现代化大都市。可是，青少年朋友们，你们可曾知道？虽然屈辱的历史一去不返，但在日本国内，却依然有人否认南京大屠杀。前事不忘，后世之师。面对那些铅黑色、沉重的历史，我们不应忘记，是中国共产党，让那心酸耻辱的一页永不再重演；面对中华民族复兴的重任，我们更应牢记，只有在中国共产党的领导下，中国才能走向繁荣富强，真正屹立于世界民族之林！让我们在希望的烛光中，安慰无辜死者的灵魂，增长爱国情怀；让我们在悠悠的钟声下祈祷，让和平之鸽永远飞翔在蔚蓝的天空！

# 第一章　沧海桑田话南京

千里莺啼绿映红，水村山郭酒旗风。
南朝四百八十寺，多少楼台烟雨中。
　　　　　　　　　　——杜牧

考古发现，早在 30 万年前，这里就是人类聚居地，约在公元前 6000 至 4000 年，南京出现了原始居民部落。公元前 472 年，越王勾践命范蠡筑城于今中华门外，这是南京建城之始。后来，楚国于今清凉山西麓石头山上置"金陵邑"，从此南京又称"金陵"。公元 212 年，三国争雄期间，孙权在金陵邑故址，利用西麓的天然石壁做基础修筑了"石头城"。

长干里

孙权，不仅是中国历史上的"风流人物"，而且是南京历史上抵抗侵略的重要人物。公元 208 年，他联合刘备，采用火攻，在赤壁之战中，大败曹操号称"百万"的水陆大军，令曹操狼狈撤出江东，从而奠定了东吴立国基础。战争胜利后，孙权将政治中心从京口迁来秣陵，次年改秣陵为建业，并修筑石头城。公元 229 年，孙权在武昌称帝，国号吴。大约也是在这个时候开始，关于南京的神话多了起来，诸如楚威王埋金钟山以镇"灵异"，秦始皇开凿秦淮以泄"王气"等等。"钟山龙蟠，石城虎踞，真乃帝王之宅也！"这是诸葛亮驻马清凉山巅，对南京作出的高度评价。

台　城

这之后，东晋及被称为"南朝"的宋、齐、梁、陈是年代相继的 5 个王朝，它们的都城是在东吴建业的基础上扩大而成的。在经济繁荣基础上，北方和南方世家大族，以及僧道代表人物都会集建康，从而使它成为全国文化中心，出现了一大批历史文化名人，如思想家范缜；文学家郭璞、沈约和谢灵运；文艺评论家刘勰、钟嵘；史学家范晔、裴松之；佛经翻译家法显、宝云和佛驮跋陀罗；道家兼化学和医药学家葛洪和陶弘景；书法家王羲之和王献之父子；雕塑家戴逵父子；绘画家顾恺之；数学兼天文学家虞喜和祖冲之父子等，都先后在建康留下了不朽的作品。

谢安，东晋杰出政治家。曾于江宁东山指挥"淝水之战"，保住了江南一脉不受兵刀之祸。公元 376 年，前秦皇帝符坚入侵，号称百万，东晋朝野震动，许多人要求投降。谢安被东晋拜为上将军，随即命令弟弟谢石、侄子谢玄征讨入侵者。当战事紧急的时候，谢玄去谢安府问计，谢安却邀请亲朋好友在家摆宴席，一边从容不迫地安排将帅御敌。谢玄等大破符坚军队后，军报传至谢安府第，谢安正与客人下围棋，看过之后，竟随手将之放在床上，了无喜色，下棋如故。客人相问，谢安淡淡地说："小儿辈遂已破贼。"可是，下完棋后，谢安回到内堂，却禁不住内心的高兴，把木屐都折断了！这或许就是"谈笑间樯橹灰飞烟灭"，潇洒自如的"魏晋风度"吧！

到了隋唐两代都推行抑抵金陵的方针。然而，到唐末五代十国期间的南唐，金陵再次被作为国都。它的统治者先主李昇、中主李景和后主李煜父子注意农业，奖励耕桑，并发展工商业。南唐对于文化艺术事业特别重视，李景和李煜父子本身就是著名词家，尤以李煜更为突出。王国维在《人间词话》中对李煜的词极为称道，说："词至李后主而眼界拓大，感慨遂深，遂变伶工之词而为士

孙　权

东吴在孙权统治时期，始终保持着较强的实力，成为三国中延续时间最长，最后一个灭亡的政权，连同时期著名的政治家曹操也感叹道："生子当如孙仲谋！"公元 252 年，孙权病逝，葬于钟山南麓，以后名吴大帝陵、孙陵冈、吴王坟（今名梅花山）。

谢　安

屠刀下的花季

大夫之词。"李煜从 25 岁继位到 39 岁国亡降宋，一共在金陵做了 15 年皇帝。李煜，作为亡国之君留下无穷愁恨，作为词人却别具才能。他的词清丽明快，用情真挚。亡国后作品更是题材广阔，含意深沉，超过晚唐五代的词，虽然，李煜算不上什么英雄，但是，他的一腔爱国之情，也是令人感慨的吧！

公元 1368 年，朱元璋称帝，国号大明，下令改应天府为"南京"，历洪武、建文、永乐三帝，前后 53 年。1421 年明成祖朱棣迁都北京，以南京为"留都"。在这个时期，明朝大肆修建南京城，我们现在看到的南京城的面貌，基本上就是那个时候留下的。南京的城墙，曾经是世界上最长的一座砖砌城墙，通济门的船型城堡，也堪称世界唯一。后来，明朝末年，南京曾经是南明小朝廷抵抗清政府的根据地，史可法等抗清名将的故事至今还在那里流传。但是，真正让明末清初的南京在历史上大书光彩一笔的，不是那如昙花一现的南明小朝廷，而是一部传奇剧《桃花扇》，一个性情刚烈、志向高洁的奇女子——李香君。

满怀亡国感慨的剧作家孔尚任，通过《桃花扇》一戏，以复社侯方域和秦淮歌妓李香君离合悲欢的爱情贯穿全剧，描写了南明弘光政权覆亡的悲剧历史。作品塑造了史可法、柳敬亭、苏昆生等英雄人物，揭露了阮大铖、马士英等奸臣的丑恶嘴脸。而"侠妓"李香君反抗侵略，纵死不事奸佞的气节，成为南京抵抗侵略的标志性人物之一。根据剧本所写，国破家亡之时，奄奄一息的李香君将鲜血染过的桃花扇，托知己转交侯方域，并留遗言："公子当为大明守节，勿事异族，妾

"问君能有几多愁，恰似一江春水向东流！"国仇家恨中的帝王，也是词人、画家的李煜。

通济门的船型城堡

4

南京"媚香楼",传说中李香君"血溅桃花扇"的地方。

夫子庙秦淮河风景区

早在六朝时代,秦淮河及夫子庙一带已是繁华的地区,美称"十里珠帘"。秦淮风光最著名的是盛行于明代的灯船。朱自清在他那篇著名的散文《桨声灯影里的秦淮河》,对此就有很好的叙述。南京大屠杀期间,秦淮河也是受害严重的地区。

于九泉之下铭记公子厚爱。"读来让人唏嘘不已。现今的南京媚香楼,位于南京钞库街中段,相传是李香君的故居。传说,那就是李香君当年"血溅桃花扇"的地方。

清朝中前期,清政府在南京设立两江总督衙门,南京继续保持了繁荣和领先的文化地位。1853 年 3 月,广西桂平县金田村起义的太平军进抵南京城,改南京为"天京",宣布建立中国历史上第一个伟大的农民政权:太平天国。后来,由于太平天国的种种失误,最终于 1864 年 7 月南京被清军攻陷。清军入城后,洗劫了天王府及其他王府和仓库,并纵火焚烧,使金陵遭到了巨大的浩劫,连明故宫、明孝陵及大报恩寺琉璃塔亦均被毁。此后,清政府被迫与英、法等列强签订不平等条约——《天津条约》,将南京下关开放为商埠。在 1911 年辛亥革命前,南京开办了几处以军火工业为主的近代机器印刷、发电等工厂,并兴建了江南水师学堂、江南陆师学堂、高等学堂等。我国近代的文豪鲁迅,曾于 1898 年至 1902 年间先后就读于江南水师学堂和江南陆师学堂附设的矿务铁路学堂。

1911 年 10 月 10 日,辛亥革命爆发,一举推翻了清王朝,埋葬了封建帝制。同年 12 月,宣布起义的 17 省代表在南京集会,宣布改国号为中华民国,以南京为临时首都。其后,在经过了 10 余年的军阀统治以后,1927 年至 1949 年期间,国民政府又再度建都于南京。1937 年 11 月,日本侵略军侵占上海后进攻南京。12 月 13 日,日军占领了整个南京城,开始了灭绝人寰的大屠杀,我同胞惨遭杀害达 30 万人以上。日军占领南京后,

屠刀下的花季

5

把侵华日军总司令部设在南京，后来，以汉奸梁鸿志为头子的维新政府和以汉奸汪精卫为头子的伪政府均设立于南京，使南京成为日、伪统治中心。1945年8月15日，日军宣布投降。1946年5月，国民政府还都南京。

抗战胜利后，别有用心的蒋介石又挑起了内战的烽火。1946年5月3日，以周恩来为首的中共代表团到南京，与国民党进行和平谈判。11月15日，国民党悍然发动全面内战。然而，辽沈、平津、淮海三大战役后，在我人民军队的打击下，国民党主力部队丧失殆尽。

1949年元旦，蒋介石在美帝国主义者的授意下，发表"引退求和"声明。4月1日，国民党政府和谈代表团飞赴北平，4月20日北平和谈破裂，4月21日，毛泽东和朱德发出了《向全国进军的命令》，我百万雄师，在千里长江分三路渡江作战。4月24日晨解放军先遣部队把胜利的红旗插在了蒋介石"总统府"的门楼上。从此，南京这座世界闻名的文化古城获得了新生，永远归入人民的怀抱！

捷报传到北平，毛泽东写下了具有伟大历史意义的《人民解放军占领南京》的不朽诗篇："钟山风雨起苍黄，百万雄师过大江。虎踞龙盘今胜昔，天翻地覆慨而慷。宜将剩勇追穷寇，不可沽名学霸王。天若有情天亦老，人间正道是沧桑。"

人民解放军占领南京

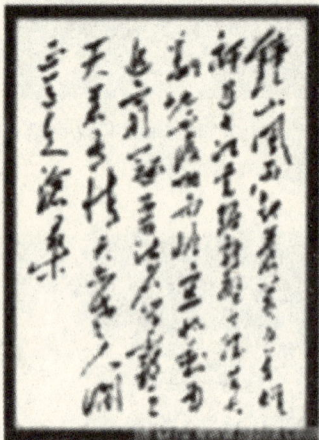

人民解放军占领南京诗篇

# 第二章　南京大屠杀始末

## 战前中国：水深火热的动荡岁月

萧楚女烈士

恽代英烈士

在第一次国内革命战争中，通过血腥的"四一二"反革命政变，国民党最终背叛革命，投向了国内和国外的大资产阶级和大买办的怀抱，并于 1927 年 4 月 18 日，宣布成立国民政府，定都南京。1928 年 7 月，国民政府宣告"训政时期"开始。10 月，国民党中央通过《训政纲领》，其中规定：训政时期，由中国国民党代表大会"代表国民大会领导国民行使政权"。蒋介石在"训政"旗号下，进一步剥夺了人民的民主权利。

国民党在南京的统治期间，对内，蒋介石残酷镇压共产党和民主人士。从 1927 年到 1932 年被杀害的达 100 万人以上。共产党的许多领导干部如陈延年、赵世炎、罗亦农、恽代英、彭湃、萧楚女等都先后牺牲。革命力量受到极大摧残。工会被封闭，工人工资减少，工时却延长。农村土豪劣绅也纷纷对农民反攻倒算，解散农民协会，逼迫农民加租加息。1928 年至 1931 年又遇严重自然灾害，每年灾民达四五千万人，农村劳动力大量减少，农业生产日益萎缩。

对外，蒋介石执行亲帝反苏政策。1927 年 5 月，国民党南京政府发表了对外"不采取暴力手段"的媚外声明，阻止中国人民对

屠刀下的花季

7

帝国主义进行斗争。8月中旬，由于国民党内部争权夺利，蒋介石宣布下野。接着，他由张群陪同前往日本，同日本首相田中义一秘密会谈。蒋以承认日本在中国东北"特殊地位和权益"，换取日本支持他重新上台。蒋回国后发表谈话，声称"要联合各国共同对付共产国际"。1928年2月，国民党政府开始解决"南京惨案"。南京惨案是帝国主义武装干涉中国革命、残杀中国人民的反革命事件，但国民政府却把它说成"共产党煽动"，下令通缉任国民革命军第六军政治部主任的共产党员林伯渠，以此向帝国主义表示忠诚①。1929年3月，国民政府就"济南惨案"②同日本签订《议定书》。这个协议把日本杀害中国军民数千人和无数财产的损失一笔勾销，却口口声声要保护日本侵略者的生命财产。同时，国民政府一面依靠西方列强，一面反对社会主义苏联。1927年12月，蒋介石策动南京政府发出"拒俄令"，关闭各省的苏联银行、轮船公司及商业机构。1929年7月10日，蒋介石、张学良指使中东铁路中方负责人以武力接收中东路，制造了中东路事件。接着，蒋介石命令东北军在中苏边境制造武装冲突，苏联政府宣布对国民政府绝交，并调动大批兵力给东北军以歼灭性打击。

西安事变与国共第二次合作，是中国历史上的两件大事。也是国民政府统治矛盾的必然结果。"九一八"事变后，日本帝国主义加紧侵略中国，蒋介石提出"攘外必先安内"

"济南惨案"中遇害的中国外交官蔡公时

蔡公时铜像

① 1927年3月24日，北伐军第二、六军击溃直、鲁联军，占领南京。美英等帝国主义借口"保护"侨民，用军舰炮击南京军民，死伤2000多人，"南京惨案"发生。

② 1928年5月3日，日军为阻止北伐军，向济南发动进攻，与中国军队发生冲突，日军在济南奸淫掳掠，屠杀中国军民5000多人，造成"济南惨案"。

的政策，一方面在对日摩擦中委曲求全，寻求外交支持，另一方面，连续发动五次"围剿"，试图消灭共产党。1935年8月1日，中国共产党驻共产国际代表团，发表《为抗日救国告全体同胞书》。一二·九运动中，党领导北平学生喊出"停止内战，一致抗日"的口号。同时，经过艰苦长征，红军战胜了蒋介石的围追堵截，1935年10月，中央红军主力长征到达陕甘苏区。

然而，抗日民族统一战线的最终确立，却是以西安事变为契机，在中国共产党努力下，实现国共第二次合作。1936年，以张学良为首的东北军和以杨虎城为首的十七路军，被蒋调到陕甘进攻红军。因受中共及人民抗日运动影响，张、杨与红军实现停战，并要求蒋介石联共抗日。蒋拒绝了张、杨的要求。12月4日，蒋介石飞往西安督战。张学良到临潼华清池向蒋"苦谏"未成。张学良含着眼泪说："委员长，就让我带部队打回东北老家去吧！否则我死不瞑目！"然而，面色铁青的蒋介石怒斥了张学良。蒋介石冷冷地说："攘外必先安内，汉卿不会幼稚到连这点知识都不懂吧！不必再多言！"

再次遭到拒绝后，张杨二人终于下决心"兵谏"。12日，张学良、杨虎城发动西安事变，在华清池扣留蒋介石及随员，并宣布成立抗日联军西北临时军事委员会，并通电全国，提出改组南京政府，停止内战，共同抗日等主张。16日，南京政府下令讨伐张、杨，并任何应钦为总司令。中共从民族利益出发，应张学良、杨虎城电请，派代表周恩来、叶剑英等到西安调停。对此，当时党内有些同志也不理解，毛泽东则高屋建瓴，又幽默风趣

日军占领济南城楼拍的照片，该画报由日本大阪每日新闻社和东京朝日新闻社联合发行，发行日期为1928年5月20日。

图为1935年12月，毛泽东在瓦窑堡会议上作《论反对日本帝国主义的策略》的报告，确定抗日民族统一战线。

中国共产党，在毛泽东的英明领导下，准确判断了当前中国局势，积极与蒋介石接触，表现了一个成熟的爱国政党宽容大度的胸怀和高超的政治智慧。

屠刀下的花季

地说："蒋介石杀害了很多我们的优秀同志，是我们共产党的敌人，可是如果我们杀了他，国民党内部的亲日派就会趁机兴风作浪，不但会继续攻打我们，而且会导致日本势力的更快渗透。中国有句老话说，祸起萧墙，现在是中华民族团结一致对外的时候了！不要给日本人钻空子！"

24日，蒋介石被迫接受停战议和、联共抗日、释放政治犯等条件。25日蒋介石获释，由张学良陪返南京，"西安事变"到此和平解决。

就在中国军民的抗日热情日益高涨的时刻，日本侵略者也加快了侵略的步伐。1937年7月7日夜，卢沟桥日本驻军在中国驻军附近举行军事演习，并诡称有一名日军士兵失踪，要求进入北平西南宛平县搜查，中国守军拒绝了无理要求。日军竟攻击中国驻军，中国第二十九军三十七师二一九团奋起还击。"七七事变"在全国引起强烈反响。中国共产党发表宣言指出："日本帝国主义武力侵占平津与华北的危险，已经放在每一个中国人的面前。"7月9日，中共代表周恩来等前往庐山会见蒋介石，共商抗日救国大计。

卢沟桥事变后，国民政府提出"不屈服，不扩大"和"不求战，必抗战"方针。但是，外交努力并没有效果。在这种情况下，蒋介石被迫应战。可是，由于蒋介石政府不愿发动群众抗日，又幻想依靠国外势力渡过难关。所以，争取经济外援，就成了南京政府抗战准备的重要内容。1937年4月，南京国民政府指派孙科与鲍格莫洛夫就苏联援华方式进行会谈，其结果苏联以战争贷款的方式向中国提供军事装备。除改善与苏联关系外，南京国民政府积极寻求欧美经济援助。应该

周恩来与送行者在机场合影

西安军民上街游行，支持张、杨发动西安事变。

看到,这些措施,在一定程度上,支援了抗战,但是,离开了广大群众的支持,单纯依靠国外势力的"抗战",势必会成为"无本之木,无水之鱼"。

而与此同时,广大民众对抗战的支援却让人感动。"九一八"事变以来,我国广大军民不仅自发地踊跃参军,打击侵略者,且积极捐款捐物,为抗战谱写了一曲曲可歌可泣的篇章。这里仅举华侨捐献和四川捐献两个例子:

"九一八"事变后,旅居世界各地的华侨,迅速建立起各种抗日救亡团体,支持祖国抗战。有关研究资料显示,抗战期间,全球共有各类华侨社团 3900 余个,其中专事抗日工作的救国团体达 900 余个,其他类型的社团也大抵以抗日救国为主。抗战期间,海外侨胞的援战和赈灾捐献数量巨大,据不完全统计,在抗战前 3 年,华侨汇回祖国的各种捐款就共达国币 20 亿元,平均每月约6000 万元,占当时全国军费开支的 85%[①]。据杨国标等所著《美国华侨史》记载:八年抗战中,仅广东籍美国华侨即捐献了约 2 亿美金!

而四川抗日捐献的情况,也令人感慨,特别是抗战中后期,国家财政困难万分,军费紧张,四川持续掀起献金高潮。冯玉祥将军曾到川中各地劝导节约献金[②],1944 年 6月,冯玉祥来到"盐都"自贡,为抗战募捐鼓劲。盐商余述怀一马当先,献金 1000 万元,突破了全国个人捐献的纪录。而仅有 10 个乡镇、22 万人口的自贡市,短短一月间,捐款

抗日期间,全国掀起参军热潮。"妻子送郎上战场"、"父母送儿上前方"的事例甚多。如曾被誉为"模范父亲"的四川安县王者成,他送子参军的是一面"死"字旗!白布旗正中写大大的"死"字,旗子左方写道:"国难当头,日寇狰狞。国家兴亡,匹夫有分。本欲服役,奈过年龄。幸吾有子,自觉请缨。赐旗一面,时刻随身。伤时拭血,死后裹身。勇往直前,勿忘本分!"(见《绵阳文史资料选刊》第 1 辑)

---

① 参考宋菁、陈婷婷、杨月瑜《侨胞为抗日捐款 85%军费来自华侨》,金羊网。

② 参考郑光路《川人大抗战》,四川人民出版社,2005 年 1 月 1 版。

屠刀下的花季

就达 1.2 亿元，800 枚金戒指，10 只金镯，1 万双布鞋，创全国献金最高纪录，平均每个市民捐款 500 元！献金高潮中，有献 600 万元而不愿留名者。冯玉祥作诗道："有名和无名，爱国出于一。何以报大德，打过鸭绿去！""下跪求爱国"也是四川捐献活动中发生的感人故事。在重庆白沙的一次献金大会上，冯玉祥主持大会，当商会代表宣布献金 60 万元时，一个学生代表提议，每校选 5 名代表，到台前向商会跪求，得到大家赞同。于是，各校学生代表在台前跪下！商会代表不得不宣布增捐 10 万元。学生和各界民众齐声呼喊"两百万"的口号。商会心痛钱财，不肯再增加。而此时，学生的呼声越喊越强大，并纷纷参加到跪求的行列。最后，全场一万多名男女学生都一齐跪下了！全场一片惨痛的哭声！冯玉祥将军再也忍不住了，淌着泪对全场青年学生们喊道："你们的这种爱国热情，就是铁石心肠也会感动的！"又对商会的人喊："我们对这关系国家民族命运的大事，要本着自己的良心啊！"商会代表终于被感动了，答应捐款 200 万元。

在全国抗战的热潮下，南京，作为当时的中国首都，也迅速行动起来，不但捐献了大量的金钱和实物，而且南京的青少年也组织起来，积极为抗战作贡献。童子军，就是当时青少年的一个公开的组织。在抗日战争中，经过训练的童子军，在前线救护伤病、慰问将士、探察敌情、修筑工事，甚至直接参与战斗，在后方则收容遣送难民、代收慰劳品、维持秩序，成为抗战的一支有力的力量。抗战期间，流传着许多关于童子军的英雄事迹。四行仓库送军旗，清凉山抓汉奸，都是发生在

陈嘉庚（1874～1961），著名爱国华侨，轻金钱重义气，诚信果毅，嫉恶好善，爱乡爱国。

冒死献军旗的杨惠敏

36年后的1975年，杨惠敏
与《八百壮士》中自己的扮演者
林青霞合影。

南京,或与南京有关的两个童子军的故事。

## ● 浴血炮火送军旗

南京的童子军集训营,在抗战期间训练了来自全国的大量童子军。在1936年的童子军集训营里,有一个女童子军叫杨惠敏,她儿时曾在南京下关江边生活过。在南京参加童子军集训期间,杨惠敏和同伴去尧化门参观首教警卫一师演习。孙元良将军与前排童子军代表们握手。当他走到杨惠敏身前时,这位少女满怀自信地大声说道:"孙将军,贵师是不是要招收女兵?我愿投笔从军,投身抗日,报效国家!"孙元良吃了一惊,当众赞叹她小小年纪,竟如此勇敢爱国。

说来也算巧合,一年以后的淞沪大战,孙元良属下谢晋元团奉命坚守苏州河北岸四行仓库,以掩护中国军队主力撤退。熊熊战火中,守军将士一次次击退日寇的进攻。"四行"孤军,成为了中国军民抵抗之心的一种象征。10月27日,胆大心细的杨惠敏奋然跃入苏州河,冒着枪林弹雨,泅向对岸,向孤军官兵们献上一面国旗。一时间,不仅四行守军被她的英雄行为感动得热泪盈眶,而且租界内上万观战民众也欢声雷动,大家都为这位勇敢而爱国的少女喝彩。1937年,杨惠敏在南京进行抗日演讲,以自己的亲身经历鼓舞了南京的童子军们。在日军即将攻陷南京时,还有不少童子军坚持在城里进行抗日宣传,张贴传单标语,协助军营捕捉汉奸特务。他们稚嫩却火热的爱国之心,同样应该被我们的历史记住。

屠刀下的花季

13

## ● 南京童子军清凉山抓汉奸

"八一三"事变后,南京童子军们多次上街游行,宣传抗日,还自发地组织募捐。1936年夏,中国童子军总团在南京孝陵卫中央体育场开办第三届集训营,共有来自全国各省市的520余人参加。他们借住在室内训练馆里和遗族子弟学校里,接受军训,并参加考核。童子军们在这几个月里做出的一大贡献,便是组织几十个小队在街头巷尾跟踪盘查可疑人员,协助城区军警宪兵多处设卡。9月下旬,三民中学的童子军们就在清凉山树林里,发现了几个鬼鬼祟祟的身影,一个童子军高声喊道:"你们是什么人?"这几个惊惶失措的家伙试图逃跑,却被手持武器的童子军们抓了个正着。原来,这是4个企图破坏高射炮兵营房并在水井内下毒的男女汉奸。义正辞严的童子军们怒斥汉奸,并将他们捆绑起来移交卫戍司令部。抗战期间,南京童子军抓获的汉奸日特就有70余人,有力地打击了敌人的气焰,保卫了祖国。

1937 年南京童子军女生和男生制服

# 战前日本:贪婪的渗透与侵略

## ❋ 经济掠夺战

为准备侵华战争,日本侵略者绞尽脑汁打击中国经济。掠夺海关收入是一个重要举措。"九一八"事变前,东北三省共设有大连等6个海关。1932年2月21日,日本关东军军部、满铁株式会社等几个部门策划并实施

1941年，陕甘宁边区发行边区币

币制改革后1935年版1元法币

伪满洲国中央银行100元币

伪汪中央储备银行发行的10元币

抗战期间的四种纸币

了强占东北海关的具体计划。①据中国海关总税务司统计，1932年7月，东北沦陷后，全国关税纯收入只有940万两，还不到1931年平均每月纯收入的一半！②

阻挠西方对华援助，也是日本孤立中国的另一个狠毒的招数。1933年4月，行政院副院长兼财政部部长宋子文出访欧美，与美国财政复兴公司签订了价值高达5000万美金的棉麦借款。7月17日，日本外相内田康哉向驻西方各国大使发出训电，威胁各国不得"以购买武器或财政援助为目的"而向中国借款，若各国不予理睬则对各国采取制裁举措③。日本当局还策划和操纵华北走私，扰乱中国市场。据统计，仅自1935年8月1日至次年4月30日的9个月中，华北6港税收损失共计为25506946元④。华北走私扰乱市场价格，破坏正当贸易，严重打击了中国民族工业。

同时，日本阴险地破坏中国币制改革，试图阻止中国积累抗战所需要的"硬通货"。1935年11月，中国财政当局宣布以中央、中国、交通三行发行之纸币为法币，禁止现银流通，规定白银收归国有。日本想尽一切办

---

① 关于日本策划强占东北海关的行动计划，日本外务省所编《日本外交文书》有详细记载。参见该书《满洲事变》第2卷第1册(东京：外务省，昭和五十四年)，第38~383页。
② 《本年七月份海关税收奇绌》，载《工商半月刊》第4卷第16期(1932年8月15日)
③ 转引自《外交月报》第3卷第5期(1933年11月15日)，第185页。
④ 《日人操纵下之华北走私问题》(1936年5月)，资源委员会档案，载《民国档案》1987年第4期，第27~30页。

屠刀下的花季

法予以破坏。1935年11月8日,日本驻华使馆武官玑谷廉介宣称"若华北实力者无其能力之时,日本方面必以实力期其实行,不惜将此点宣布中外"。[1]据统计,日本在华北禁运的白银共达4000万盎司左右。

## ✳无孔不入的间谍活动[2]

相信看过抗战电影的青少年朋友们,都会对狡猾的日本间谍留下深刻的印象。间谍活动,其实正是日本侵华的重要步骤。这些像"鼹鼠"一样的间谍,遍布中国。据抗战前任国民党中统特务的姜颂平所说,早在北洋军阀执政时期甚至更早,日本人就在我国境内布置了谍报网,着手培训大批精通中国普通话的男女青年,或以经商为名,在我国国内开设商店、洋行,或以搞慈善事业为掩护,设立医院,或通过亲日派分子介绍男女特务到我国某些社团服务。[3]

冈村宁次和佐佐木到一,是南京日本间谍中的两个大头目。1924年1月冈村宁次任谍报武官后,积极开展情报活动。1927年12月16日,佐佐木到一被日本当局任命为日陆军参谋本部派驻南京的高级特务,并就任蒋介石顾问,积极开展间谍活动。

20世纪30年代,日本在南京的情报活动日益加剧,其日谍组织还有:

**日谍"钢笔大王"** 这个大间谍是朝鲜

冈村宁次。1945年9月9日,南京,冈村宁次向何应钦签署投降书。该战犯是"三光"政策制定者,战后审判中由于美国的庇护,居然被无罪释放。

佐佐木到一,此战犯后来参与南京大屠杀,并成为东北抗联最凶恶的敌人之一。

---

① 《中国驻日使馆报告》,第75页。

② 主要参考经盛鸿《南京沦陷八年史》。

③ 姜颂平,《我所知道的日本特务组织》,《江苏文史资料选辑》,第29辑,汪伪政权内幕,《江苏文史资料》编辑部,1989年出版发行,第197页。

人。1936 年他来南京,在太平路花牌楼与白下路开设钢笔店,被称为"钢笔大王"。他经常以经商为掩护,进行搜集情报活动。他在其店门口用一支巨型钢笔模型为商标,内装有干电池红绿灯,作为特务联络信号。从 1937 年 8 月 15 日开始,日本飞机对南京连续进行 3 个多月轰炸,这个阴险狡猾的坏蛋,多次秘密为日机指示轰炸目标。

**日商仁丹分公司** 该公司设于南京市中心新街口,也是一家以经商为掩护的日谍机构,专门负责搜集南京的交通设施与军事目标的情报。他们借推销仁丹为名,探听与记录南京的城乡道路,在南京城乡大贴仁丹广告,作为路径能否通行与中国军事目标的秘密标志。后来,日军进攻南京时,这些可恶的"仁丹广告",竟成了日军侵略的指示标![①]

而战前日本在南京地区为数众多的间谍组织中,历史最久、组织最大、为害最烈的,当推黄浚日谍集团。黄浚是福建侯官人,早年曾赴日本早稻田大学留学。后来,他从日本归国后,长期在中国政府部门工作,曾经做过行政院院长汪精卫的秘书。然而,黄浚是个人品很低下的人,只顾贪图享乐,不愿为抗战出力。很快,黄浚就被日本的大间谍须磨弥吉郎盯上了。在须磨的引诱与收买下,黄浚很快堕落为日本间谍,不但利用职务之便,窃取大量核心机密,且将自己在外交部任科长的儿子黄晟拉下水,先后收买国民政府多名高级军政人员,参与卖国活动。"善恶到头终有报",多行不义的卖国贼黄浚,终于被识破,并于 1937 年 8 月 28 日,连

日本女间谍川岛芳子

川岛芳子与谋刺蒋介石的日谍南造云子,被并称为日军间谍的"帝国之花"。

据史料记载,早在"七七事变"前,日本参谋本部中国课课长影佐祯昭少将通过国民政府亲日派关系,将其亲信部属、女间谍川岛芳子,安插到南京中华门外的江南铁路的板桥车站任职,收集中国方面的情报,并伺机拉拢国民党官员和特务分子。

①　时闻:《汪伪特工总部南京区始末》,《江苏文史资料选辑》,第 29 辑,汪伪政权内幕,《江苏文史资料》1989 年,第 175 页。

屠刀下的花季

同黄晟及其他汉奸共 18 人，在雨花台被处决。落了一个可耻下场！

## ❋南京领事馆藏本英明失踪事件①

"欲加之罪，何患无辞"！在实行经济战和间谍战的同时，日本侵略者还多方挑起事端，寻求侵华的借口。"玩失踪"，可以说是日本侵略者在历次侵华事件中的惯用手法。1934 年 6 月 8 日晚，在一次外交晚宴上，日本驻南京总领事馆职员藏本英明下落不明。日本总领事须磨弥吉郎气势汹汹地找到中国政府，装腔作势地恐吓说："藏本君定是被仇日分子所杀，如中国方面不能在三日内找到藏本，则将被视为对大日本帝国的严重挑衅！"与此同时，须磨调动上海的海军驻防南京，积极备战，试图借此挑起战争。②6 月 13 日，南京警方在中山陵园一带居民的帮助下，找到了隐藏在紫金山中洞穴内的藏本英明。据他声称他因种种原因，准备自杀，故出走准备绝食而死。但数日后忽又贪生，下山寻水觅食，被当地居民发觉。至此，藏本失踪事件真相大白，尴尬的日本政府可以说是自取其辱。

藏本英明，日本奈良县人，时年 42 岁，曾长期在中国东北任日本外交官，素有"中国通"之称；1933 年 5 月被调至南京日总领事馆任副总领事。

他出走后，日本朝野上下却对中国政府与中国人民极尽污蔑与攻击之能事，公然断言这是中国特务机关或抗日团体所为，大造战争舆论，进行恫吓与威胁。

## ❋战前中国与日本的巨大差距

值得注意的是，国民党统治下的中国，经济凋敝、军事落后，与现代化武装的日军存在巨大差距。全面抗战爆发前夕，日本政

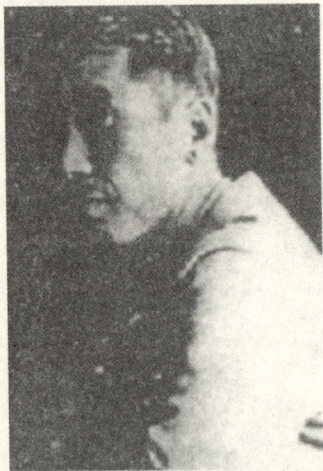

---

① 主要参考经盛鸿《南京沦陷八年史》。
② 《社会新闻》第 7 卷第 26 期，1934 年 6 月 18 日版。

称霸一时的日本零式战斗机

1937 年 9 月 4 日，近卫文磨首相在日本第 72 次会议上发表严惩中国的讲话。

七七事变爆发后，日内阁召开紧急会议，陆相杉山元、海相米内光政、内相马场等一，"力主鼓吹全国总动员，完成一贯政策"。战争开始，日本政府动员 40 万人，向我国作大规模侵略，除 5 个师团已奉命开拔，尚有大批部队，由日本国内外各地陆续出发，现更陆续征集预备队入伍，听候派遣。

府为摆脱经济危机，一方面发动"九一八"事变，侵占中国东北；另一方面大力发展军事工业。国家用于发展军事工业的支出高达 70 亿日元。1931 年至 1937 年，日本工业增长的平均速度达 9.9%，是资本主义大国中发展速度最快的国家之一。1937 年，日本工业总产值已经接近 60 亿美元，占国民经济的 80%，已成为工业强国。但日本由于国土所限，某些资源，尤其是重要的战略物资缺乏，比如棉花、橡胶、羊毛以及铅、锌等军工产业所必需的有色金属原料，还有石油和煤等燃料，必须依赖进口。与日本相比，中国是个大国，拥有丰富的资源。但当时的中国只是个虚弱的农业大国，工业基础非常薄弱，总产值不过 13.6 亿美元，在国民经济总产值中仅占 10%。在这样的基础上，军事工业难以发达。到 1937 年，只能生产步兵轻武器和小口径火炮，大口径火炮、坦克、汽车等尚不能生产。而且，国民党军队领导及指挥并不统一，派系繁杂，矛盾很多。1937 年，日本和中国的实力差距悬殊，已远超甲午战争！

## ❋战争的危险在迫近!

1937 年 6 月 1 日，是南京建市 10 周年的纪念日。南京市政府与南京市市民从这天开始，举行了长达 3 天的庆祝活动。除了召开庆祝大会与开展各种文娱活动外，还于 6 月 3 日下午，在玄武湖公园举行游园大会。前来参加活动的各方面人士与民众以及外来宾客，摩肩接踵，热闹异常。五洲桥上还搭起了一座长及 23.3 米的灯塔，光彩夺目，四面均扎纸花。又以 16 只划船扎成一条巨龙，

屠刀下的花季

游荡湖中。湖面上散置荷花灯 1000 余盏,宛如满天繁星。然而,沉浸在庆祝活动欢乐中的南京市民没想到,就在一个月后,日本军国主义在卢沟桥挑起了对中国的全面侵略战争;在 5 个月后,疯狂的日军又向南京进攻并制造了震惊中外的南京大屠杀惨案。南京随即陷入了前所未有的浩劫,开始了一段充满屈辱与血泪的辛酸史!

日军登陆

## 仓促！南京保卫战拉开序幕

战争的阴云笼罩在了中华大地上,中国千千万万的人民,正在经历一场血与火的生死考验。1937 年 7 月前,日军在中国只有两支部队。一支是关东军,另一支是臭名昭著的中国驻屯军。七七事变后,抗战全面爆发,北平等地相继沦陷。自 8 月 31 日起,日本撤销中国驻屯军番号,编为“华北方面军”,下辖第一军和第二军。9 月 11 日,又组成上海派遣军,由松井石根任司令官。10 月 29 日,又编成华中方面军,把原上海派遣军和第十军纳入其序列之内。12 月 2 日,上海陷落,日本大本营下令,改松井石根大将为“华中方面军”司令官,以朝香宫鸠彦亲王为“上海派遣军”的司令官,并配合其他海空部队,开始磨刀霍霍,虎视眈眈地计划对南京城进行侵略。与此同时,随着日军战火日益向南京逼近,南京政府自 11 月中旬起,一边疏散撤退南京各政府机关与工厂、学校等,一边调配兵力准备防守南京。

而此时,南京是否有价值守卫,该如何守卫南京,成了南京政府内部争论的焦点。

大陸命第八號

命令

一　中支那方面軍司令官ハ海軍ト協同シテ敵國首都南京ヲ攻略スベシ

二　細項ニ關シテハ参謀総長ヲシテ指示セシム

昭和十二年十二

　　　　1937年12月1日，日本最高当局下达攻占南京的书面命令——"大陆命令第8号"。主要内容为：华中方面军司令官须与海军协同，攻占敌国首都南京。1937年12月1日，日陆军参谋本部次长多田骏中将亲自携带裕仁天皇"攻占敌国首都命令"的"敕令"，从东京飞抵上海，向"华中方面军"司令官松井石根大将下达。日"华中方面军"立即行动，向全军正式颁布进攻南京的作战计划。除第一〇一师团留守上海外，"华中方面军"所辖两个军的全部兵力都投入南京战役，计有8个师团、2个支队及各辅助部队，共约30多万人，另有海军第十一支队协同。

　　为解决南京防守问题，11月中旬，蒋介石连续召开多次高级幕僚会议，不能决断。第二次会议刚开始，就有一些将领直言不讳地讲："南京易攻难守，日军如挟上海会战之威势，以优势海陆空军和装备，沿水陆交通线前进，将南京置于立体包围之下，那么，大家都要完蛋！"话音落地，寂静的会场乱成了一锅粥，李宗仁、白崇禧等稳健派将领都表示赞成。有的将领们在窃窃私语，有的装聋作哑，有的面带忧虑，却一言不发。蒋介石扫视了一下会场，焦急地问："那么，诸位认为，南京城既然守不住，就不要守了吗？"蒋介石的话一出口，会议现场却倏地又静了下来。南京是中国的首都，又是经济、政治和文化的中心，如若丢失，对民众抵抗信念的打击，巨大的物质损失，又要如何承受？然而，谁又愿意为了一个已成危局的南京当一回孤胆奋战的"忠臣良将"呢？要知道，如若南京城守住了，自然是功德一件，而若是把南京丢了，那就有可能成为历史的罪人！

　　这时候，一位将军犹犹豫豫地站起来发言说："委员长，南京呢，我看不必认真防守。我们不应以过多部队争一城一地的得失，只对其进行象征性防守就行了，否则正中日军速战速决的计策，对我军极为不利，上海会战的失败，就是一个例子。"

　　"那么说，你是在指责蒋某人是上海会战失败的罪魁祸首了？"蒋介石抬起头来，脸上渐渐显现出怒意。"我不是这个意思。"这个将军慌忙解释，并忙不迭地坐了下来，不敢再发言。看到这种情况，大家越发沉默了。

　　看到大家都不说话，蒋介石沉吟了一会儿，又说："南京，我看还是要守一下的，否则,对国内和国外,都不好交代。哪位将军愿自告奋勇,担此重任?"蒋介石环视四周,却发现没有一人发言,整个会场气氛非常沉闷。蒋介石连问了三遍,均无人答话,他那张瘦瘦的脸上不禁面沉似水。蒋冷冷地笑了两声,继而用尖利的家乡话说:"如果诸位都不愿守南京的话,就让我蒋某人来守罢了,诸位正好可以保全名节与生命。反正,南京是总理灵柩所在,我是誓死不离开的!"

突然,有一位将军霍地站了起来,大声说:"委员长,我愿守卫南京!"蒋介石大喜,循声望去,却见一个瘦弱的将军在发言。此人正是时任军委会执行部训练总监的唐生智将军。唐生智曾经在北洋政府中风光一时,现在却已没落,他挺身而出请战,颇超出蒋介石的意料。他缓缓地说:"唐将军对于南京保卫战有何想法?"听到蒋介石询问,唐生智有些苍白的脸上显现出兴奋的颜色,他激动地说:"南京为国际观瞻所系,又是总理陵墓所在,如放弃南京,我们将何以对总理在天之灵?而委员长身系国家社稷,也断然不可留在南京这个危险之地!如果其他将军不愿意守南京,唐某不才,愿肝脑涂地,以报国家民族养育之恩!"

听到唐生智如此言说,蒋介石点了点头说:"南京还是要尽力守的,只要拖的时间长一点,苏联和德国方面,总会在国际上起一点变化,那个时候,南京就有希望了。"蒋又和颜悦色地问唐生智:"那么,唐将军有多少守城的把握呢?两个月时间是否守得住?"唐生智又把胸脯挺了一下,以一个标准的军人敬礼回敬蒋的问话,并沉声说:"唐某人自当抬棺守城,与南京共存亡,临危不乱,临难不苟,没有委员长的命令决不撤退!"见到唐生智如此表态,罗卓英、刘兴等将领也只好表示赞同。南京保卫战,就此成为定局。

1937年11月19日,蒋介石任命唐生智为南京卫戍司令长官。第二天,唐生智就任卫戍司令长官职,并将他领导的军委会执行部改组为南京卫戍司令长官部,设于南京城北中山北路之铁道部办公楼里。11月24日,南京国民政府正式任命唐生智为南京卫戍司令长官;12月6日,又任命罗卓英、刘兴为副司令长官;周斓任参谋长,佘令慈为副参谋长,并颁布首都卫戍军战斗序列,其中多数守军是从上海战场上撤退下来的部队,早已残破疲惫,只能稍作整补。少数是从后方调来的部队,协同原驻防南京的部队与宪兵等,共约10余万人。

在蒋介石的亲自指挥和监督下,唐生智依据南京地形与多年来形成的战备工事,为南京设立了两道陆路防线。第一道外围防线阵地,以第二军团徐源泉部守卫栖霞山、乌龙山一线阵地,并接防乌龙山炮台,封锁长江;以第

南京卫戍司令长官唐生智

南京卫戍副司令长官罗卓英

第七十二军军长孙元良

六十六军、第八十三军守备淳化镇至凤牛山一线；以第七十四军俞济时部守备牛首山至淳化镇一线。上述各部队互相衔接，构成半环形的外围防御阵地。第二道复廓防线阵地则以第七十二军第八十八师孙元良部守备右地区雨花台至城南一线；以第七十一军第八十七师王敬久、沈发藻守备通济门、光华门、孝陵卫一线；以教导总队守备中央地区紫金山、小红山及城垣东部一线；以第七十八军第三十六师守备红山、幕府山及城北下关至挹江门一线；以宪兵司令部的部队守备城西清凉山一线；以第十七军团胡宗南部守备长江北岸浦口一线，形成防守反击、节节抵抗的态势。

此时，南京保卫战，也已经成为了世界舆论关注的焦点。面对潮水般涌向南京的数十万凶残日军，1937 年 11 月 27 日，南京卫戍司令官唐生智对驻南京中外记者发表谈话：

"中国为一爱好和平之民族，从不侵略他国，从九一八后，日本以数十年之准备，大举进犯中国国土。中国在物质上虽乏准备，但精神上则具无上之抵御决心。自卢沟桥事件以来，我军在各地多遭挫败，但吾人将屡败屡战，至最后胜利为止。本人奉命保卫南京，至少有两事最有把握：第一，即本人及所属部队誓与南京共存亡，不惜牺牲于南京保卫战中；第二，此种牺牲定将使敌人付与莫大之代价。"①

就在唐生智信誓旦旦地宣讲保卫南京的同时，蒋介石一直没有放弃外交上的努

① 1937 年 11 月 28 日《大公报》。

屠刀下的花季

力。他意图通过外交途径，延缓日军对南京的进攻。这其中，最重要的事项就是德国大使陶德曼的调停工作。然而，在这大兵压境，南京如探囊取物的情况下，日本当局对与中国政府议和又有了新的态度。他们已不再满足原有的议和条件，更不愿在此时停止进攻南京。于是日本政府决定，等到日军攻占南京，充分显示日军强大的军事力量之后，再向南京国民政府提出更为苛刻的议和条件。"中国政府应该尽快取得日本的信任，结束战争的危险，否则战争继续延续，中国将陷入万劫不复之境地！"德国大使陶德曼一脸冷漠地对蒋介石说。显然，相比起德国和日本的盟国关系，中国和德国的关系已经变得不再那么重要了。蒋介石长叹了一声，缓缓地说："既然事已至此，多说无益，南京保卫战，中国已无退路！"

轰炸南京的日本海军 96 式攻击机群

12月1日，日本政府拒绝答复中日议和条件后，"华中方面军"对南京的进攻战役开始了。

## 硝烟！南京大轰炸

南京大轰炸，是日军野蛮进攻南京的序曲。尽管 1923 年的国际空战规则规定，禁止对平民和非军事性质的私人财产进行空中轰炸，禁止对不紧接地面部队作战地区的城镇、乡村或建筑物进行轰炸。然而，日军公然蔑视国际法规，对中国城乡狂轰滥炸，其目的就是使中国人民屈服。其实，在南京保卫战之前，日军对无辜平民的轰炸就开始了。

1937 年 8 月 28 日，上海保卫战中，日军对上海南站进行了轰炸。当时约 1800 人在南站候车，其中有不少妇女儿童。飞机投弹 20

摄影师王小亭

照片《中国娃娃》

和《中国娃娃》一起拍摄的
另一孩子

余枚，沪杭铁路毁于一旦，站屋、天桥及水塔、车房当场被炸毁，同时在站台候车离沪难民，当即被炸死250余人，炸伤500余人。死者倒卧于地，伤者转侧呼号，残肢头颅，触目皆是，血流成渠，景象之惨，无以复加。《中国娃娃》正是反映上海南站轰炸惨案的一幅著名摄影作品，同时，它也是世界战争史中的有关青少年儿童的一幅象征性图像。正当日军轰炸上海火车南站，供职于美国赫斯特报系的中国摄影记者王小亭匆忙赶到现场。车站血流成河的惨状让他义愤填膺。正在这时，突然，他发现一位浑身是血的小孩，正坐在被轰炸过的铁轨上无助地号啕大哭。凭着他职业记者的敏感，王小亭快速地按下了快门，在成为废墟的站台下拍摄下了这个幼小的幸存者。事后，他的胶卷由美国海军从上海捎至马尼拉，后空运至纽约。两个星期后，这幅被冠名为"Chinese Baby"的照片出现在赫斯特报业系统的新闻短片和报纸上，并迅速传遍世界各地。据《生活》杂志的评价估计，大约有1.36亿人看到了"中国娃娃"，许多人看后都洒下了眼泪。它对世界反法西斯的人民对中国的援助和同情，起到了一定作用。

## ❀野蛮的轰炸开始了！

1937年8月15日，日本海军航空队开始对南京耀武扬威的空袭。日本海军第一联合航空队所辖木更津航空队16架96式陆上攻击机，首先对南京明故宫机场、大校场机场等军事设施以及八府塘、第一公园、大行宫、新街口等商业区与人口密集区进行扫

屠刀下的花季

25

射与轰炸。这是日军对南京的第一次空袭。日军对南京商业区与人口密集区的轰炸违反了国际法，但日本当局却将此举吹嘘为世界上首次"渡洋爆击的壮举"，"铁锚象征的长征"。[①]日本侵略军的轰炸破坏暴行，不仅为中国人民所切齿，而且也遭到了国际舆论的一致谴责。美国副国务卿威尔斯当时向报界发表谈话，强烈抗议日军对广州等城市的轰炸，他说："交战一方用飞机轰炸对方不设防城市以致无辜平民尤其是妇孺惨遭屠杀，这完全是一种野蛮举动。"英国《伦敦新闻纪事报》在 1938 年 6 月 8 日的社论中指出："这种野蛮的屠杀完全是赤裸裸的恐怖主义。"法国共产党的《人道报》也对日军在中国的狂轰滥炸提出强烈谴责，并指出："外交上的抗议毫无效力，我们必须抵制日本货物，以扼日本侵略者的咽喉。"日本侵略军的狂轰滥炸吓不倒中国人民，反而彻底暴露了它嗜血成性的本质。

　　南京大轰炸，给南京市民带来深重灾难，不但美丽的南京城，变成了断壁残垣的废墟，而且无辜的民众在持续的野蛮轰炸中伤亡甚众，有许多可怜的青少年儿童，也在轰炸中致死或致残。有的时候，甚至外国的外交人士，也不能幸免于难。8 月 26 日，英国驻华大使许阁森爵士，由京乘汽车循公路来沪，被日本飞机投掷炸弹，并开机枪扫射，致使大使身受重伤。[②]

　　9 月 25 日这天，日机对南京市区街道进

9 月 19 日，日军第三舰队司令官长谷川清下令对南京等地实行"无差别级"轰炸。图为长谷川清（右）为空袭南京的飞行队队长和田送行。

----

　　① [日]防卫厅防卫研究所战史室，《中国方面海军作战》(1)，[日]朝日新闻社 1974 年，第 40 页。

　　② 《申报》1937 年 8 月 27 日 1 版。

行了重点轰炸。这是日机轰炸南京最血腥的一天。正在南京的中国著名作家郭沫若，曾亲身经历了南京大轰炸，充分体验到了民族不屈的反抗精神。25日9点钟左右，警报响了。不一会又是紧急警报，于是郭沫若就和同住的人一齐跑向山下土壕去躲避。他们都很关切郭沫若，有的大声叫着说："郭先生，你是国家的重要人物，要躲得靠里一点才会安全！"郭沫若很是感动，却又不愿长时间待在最里面，因为壕是因山凿成的，除有进口外，没有通气孔，坐在壕里一会儿，就实在有点气闷，他只好又移到近口处来。谁料，这时候，高射炮轰隆地响了起来！原来，是南京的防空部队在和日军飞机交手。高射炮和敌机的相互角逐非常可观。当11架敌机飞来，由南转向东城去预备散开，四处埋伏的高射炮一时震天响亮，炮烟在敌机的队中穿插。烟云和机影密接着，不易辨别清楚。忽然，有一声炮响得特别着实，就看到敌机队中第10架带着一股黑烟，像彗星一样坠落了。看到情况不妙，其他的飞机都逃之夭夭了。不一会儿，又有一队敌机飞来了。这次是15架，依然是由南而来，却转向城西北去散开。高射炮烟更加和它们角逐。忽然又是一声特别着实的炮响，敌机中的一架发出一朵红光，红光上冒着黑烟，又像彗星一样，坠下了。当郭沫若接到新民报馆打来的电话，才高兴地知道，南京守军的高射炮，在浦口一炮连中了3机。怎么连中了呢？是因为一炮打中了敌机的炸弹，炸弹爆炸了，自行打伤了两架，一并坠落了下来。一炮中3机！

轰炸日甚一日，南京城在硝烟中痛苦地

因日本轰炸，南京繁华市区成为一片废墟。

屠刀下的花季

27

呻吟着。然而，面对着日军的野蛮轰炸，南京民众的意志并没有被摧毁。他们把国仇家恨牢记在心里，在掩埋了亲人与朋友之后，默默地投入到轰炸后的相互救助上。南京市民的这种坚忍的精神，令中外人士，甚至日本人也十分敬佩。10月19日《辛报》发表徐自麟译自西方记者的文章《南京在空袭下》。报道说，南京的居民，现在是那么的习惯于日本飞机的空袭了。几乎是每天，当四周响起了防空警号时，他们便都满不在乎地躲入防空壕和地窖去，毫无慌张之相。甚至日本的情报人员在当时的报告中也不得不承认"一般市民已习惯空袭，面无惧色，态度冷静。①"

日机轰炸下的民众

随着日机对南京的空袭日益加剧，中国防空部队和空军，也进行了英勇抵抗。

## ●"四大天王"蓝天痛击倭寇

亲爱的朋友们，如果有一天，你们来到南京紫金山北的航空烈士公墓，就会发现，那里祭奠着许多英勇的抗战航空英雄。这些年轻的蓝天雄鹰们，在装备低劣、保养维修不足的情况下，与日寇展开了视死如归的决战。在这里，我要讲述的，是中国空军蓝天痛击倭寇的故事。

自七七事变以来，中国空军和苏联空军志愿队多次在南京、上海等地区与日本空军空战。9月间，中国空军共出击46次，与日机空战15次，击落日机20架，损失飞机36

---

① 《日本帝国主义侵华档案选编：南京大屠杀》，中华书局1995年，第15页。

刘粹刚，时称空军"红武士"，辽宁昌图县人。任空军第五航空大队第二十四队上尉队长。刘粹刚击落日军飞机11架，创抗战空军个人击落敌机最高纪录。1937年秋牺牲，年仅25岁，追赠少校军衔。

乐以琴，被誉为"江南大地之钢盔"，1914年生于四川省芦山县，入空军第四大队第二十二分队任分队长。1937年秋，与敌机战斗时殉国，年仅22岁。

架。10月，中国空军与日机空战15次，击落日机7架，损失25架。上海失陷后，日军进逼南京。中国空军在极困难的情况下再次抗击日机。11月间，中国空军仅有作战飞机30余架，与日机空战5次，击落日机1架，损失7架。12月1日，苏联空军志愿队两个大队23架战斗机和20架轰炸机抵达南京，当天5次升空与日机空战，击落日机3架，损失2架。在11月至12月上旬的南京战役中，中、苏空军共击落日机20架，并多次袭击侵犯南京的日军地面部队。在惨烈的空战中，中国空军迅速涌现出了许多英雄。其中，"四大天王"，即高志航、刘粹刚、乐以琴和梁天成，以卓越战绩和大无畏精神，在抗战初期被称颂一时。南京空战也留下了他们英武的雄姿。4位英雄全部在抗日战争中壮烈殉国，牺牲时平均年龄不到26岁。

高志航是中国空军的灵魂人物。在上海抗战中，高志航带领四大队，首开战役，便以6:0痛歼日本飞行大队。9月26日，高志航又在南京空战中挑落号称日本"四大天王"之一的山下七郎大尉。山下七郎也被中国军民生擒。高志航一时被誉为中国的"空军军神"。其领导的四大队也屡次大败木更津航空队。对于高志航的出色表现，日本也佩服得五体投地，称其为"中国空军最有价值的飞行员、指挥员"。日本飞行员出发前都要发誓说："我要做了亏心事，出门就碰上高志航。"面对中国空军的铜墙铁壁，木更津航空队队长石井义大佐多次受到上司斥责却又一筹莫展，最后以剖腹自杀交差。12月22日，高志航率领的14架战机因连日大雨陷在河南周口机场动弹不得，又因汉奸的告密

屠刀下的花季

遭到日机偷袭，大部损失。高志航在连续3次发动飞机未能成功的情况下，毫无躲避之意，壮烈殉国。

四大队分队长乐以琴，五大队分队长刘粹刚，都是在空战中涌现出的英雄。在"八一五"空战中，乐以琴驾驶2204号战机左右开弓，弹无虚发，一连击中4架日机，打得日本飞行员魂飞魄散。从此，日本飞行员只要遇到2204号战机，就主动避开。10月6日，换装新型96式舰载战斗机的日本海军第二联合航空队，在空袭南京得手后，竟然在南京上空做起了特技表演，羞辱因实力大减未能升空迎战的中国空军。第五大队飞行员刘粹刚怒不可遏，单机起飞迎敌，迅速打下一架日机，其他日机当即抱头鼠窜。当时，南京万人空巷，冒着被日机扫射的危险为刘粹刚喝彩。

12月3日，南京危在旦夕，中国空军仅剩乐以琴、董明德二人起飞迎战数十架日机。乐以琴驾驶战机在日机中巧妙旋转，致使企图左右夹攻他的两架日机互撞而亡。更多的日机围了上来，乐以琴的战机很快中弹起火。乐以琴在跳伞时为防止给日本人当靶子，打开降落伞较迟，结果触地牺牲。高志航、乐以琴、刘粹刚，还有后来的梁天成，被合称中国空军的"四大天王"。

高志航，号称中国空军"军神"，辽宁通化人，历任东北航空处少校驾驶员、空军中尉分队长、第四大队中校大队长。1937年11月21日，壮烈殉国，时年30岁，追授少将军衔。

梁天成，印尼华侨，1939年6月11日在保卫重庆的战斗中牺牲，时年26岁，是四大天王中最后牺牲的一位。

## ●中国无投降之空军！

在抗日战争的中国航空英烈中，除了"四大天王"，阎海文的事迹也十分令人瞩目。阎海文是满族人。阎海文亲身饱尝到国破家亡与思乡难归之苦，常与同学谈论国家形势，共抒报国志向。1934年夏，阎海文考取杭州笕桥中央航空学校。毕业后被分配到中国空军第五大队。8月17日,阎海文驾驶霍克Ⅲ飞机轰炸在上海罗店登陆的日军,投弹完毕后,对日军进行俯冲扫射时被敌高炮击中,跳伞后因风向不顺,不幸落于敌军阵地当中。敌人将他团团围住,迫其投降。

阵地上数百名日军发狂地向降落伞处涌去,阎海文连用手枪击毙冲到前面的数名日本兵。后面的鬼子见状,呼啦啦趴倒了一片。"捉活的,不许开枪!"一个精瘦的陆军少佐冲上来,狠狠地命令道。几个鬼子探出头,未待前冲,阎海文"叭,叭"两枪又放倒两个,鬼子忙又趴下,没人敢再动。双方一时僵住了。时间在一分一秒流淌着。一会儿,少佐身旁的一个汉奸探出头,对卧在坟头上的阎海文喊:"空军朋友,你已经被包围了,你走不掉了。再抵抗是无谓的。如果你放下枪,皇军一定宽大,会像朋友一样对待你,皇军敬佩英雄的……""砰",阎海文愤怒地咬着牙,把汉奸撂倒在地。少佐再也忍不住了,他扬起枪,先扣动了扳机,立时,一阵枪弹在阎海文藏身的坟头掀起一片尘土。"砰,砰,砰,砰",阎海文躲在坟后举枪射击,又有几个鬼子应声倒地。这时,他检查一下枪膛,见只有两粒子弹了。他抬手又打死一个鬼子。面对祖国蓝天立正,整理被树枝划破的军衣,他高喊"中国无投降之空军",以最后一粒子弹自杀成仁,年仅21岁。

勇敢的阎海文不仅赢得了人民的爱戴,也赢得了敌人的尊敬。日本兵列队脱帽,垂首恭立。坟前粗糙的木牌上,几个大字在敲击、震撼着他们的心。"支那空军勇士之墓",为日本的敌人举行葬礼,这在日本兵是第一次!9月1日,大阪的《每日新闻》特派员木村毅发回国内的一则报道,引起了强烈震动。

2007年4月5日,"2007年清明节凭吊抗日航空烈士仪式"在南京东郊抗日航空烈士墓举行。此图为南京中学生拜祭仪式。

屠刀下的花季

感佩至极的木村在文中叹道："我将士本拟生擒，但对此悲壮之最后，不能不深表敬意而厚加葬殓，此少年空军勇士之亡，虽如苞蕾摧残，遗香不允，然此多情多恨，深情向往之心情，虽为敌军，亦不能不令我全军将士一掬同情之泪也"，发出"中国已非昔日之支那"的感叹。此通讯在日本发表后，引起极大反响。是年10月，东京举办"中国空军勇士之友阎海文展览会"，日本东京商业区新宿挂出横幅"支那空军勇士阎海文"，橱窗内陈列烈士的飞行服、降落伞、手枪、子弹壳等遗物，观众参观延续20余日。

图为抗战初期中国空军装备的霍克Ⅲ型驱逐机

烈士阎海文

八年抗战，中国空军出动2.1万架次，击落敌机599架，炸毁敌机627架，击沉击伤敌舰船8013艘，6164人殉国，另有2000多名苏、美、韩等国航空义士血洒中华！

中国共产党和新中国，从来没有忘记这些为国家抛头颅洒热血的空军英雄。近年来，党和国家拨出巨款，将刘粹刚等中国空军烈士公墓修葺一新。1986年清明节，党和国家有关部门还组织抗日空军烈士亲属聚会南京，到紫金山北麓的航空烈士公墓，祭扫凭吊烈士墓。1995年8月，"抗日航空烈士纪念碑"落成。纪念碑附碑有30块，由独立英烈碑组成，排列弧形拱卫在纪念碑后面，这些高3米的黑色花岗岩石碑，用中、俄、英3种文字，镌刻了自淞沪抗战至1945年9月间牺牲的3000多名航空烈士英名及生平业绩。如今南京航空烈士公墓，不仅是一处凭吊抗日烈士的墓地，同时也是中美及苏联人民在抗日战争中，共同浴血奋战最好的历史见证，成为爱国主义传统教育重要场所。

# 惨烈！百年国耻 南京的陷落

我用残损的手掌／摸索这广大的土地／这一角已变成灰烬／那一角只是血和泥。

——节选自爱国诗人戴望舒的诗歌《我用残损的手掌》

## ❋危急！南京外围阵地失守

在南京大轰炸的同时，日军加紧对南京的地面进攻。日军进攻南京的战略很简单。就是利用南京两面临水的地理位置，从东南方向对南京形成半圆形包围圈，从而利用江水的天然屏障，完成对南京的彻底围困，并切断一切逃跑路线。

日军占领无锡后，11 月底，日军分三路包围南京。按计划，一支部队沿长江南岸前进，然后沿沪宁铁路线前进。这支日军由中岛今朝吾率领。一支日军穿过位于上海和南京之间的太湖，进行水路两栖突袭，指挥这一行动的是留着小胡子、身材矮小并患有肺结核病的松井石根。与中岛不同，松井出身一个古典学者家庭，是个"伪装"的佛教徒。第三支日军在松井以南前进，再转向西北直逼南京。率领这支部队的是柳川平助中将，一个秃顶矮小的有文学兴趣的日本人。

在南京方面，11 月 24 日，蒋介石任命唐生智为南京卫戍司令，率 13 个师组成南京卫戍军。同时，蒋介石准备撤离南京。11 月 26 日，中山舰升火，在一片凝重的气氛之中，徐徐驶离南京，蒋介石低头不语，面色沉重，而许多随行撤离的中国军民，都洒下了眼泪。是呵，谁知道，何时才能再见到南京！

唐生智到任后，做出了死守南京的架势。为了表示破釜沉舟、拼死一战的决心，他让交通部长俞飞鹏把下关到浦口之间的轮渡撤退。其后，又命驻浦口之第一军禁止任何部队及军人由南京北渡，如有不听制止的，可开枪射击。他沉痛地说："如若没有委员长的命令，谁要是私自撤退，就让他踏着唐某的尸体前进！"后来的事实证明，唐生智不但在战争初期丢下部队逃逸，而且他的这些措施，竟成了下关一带大量军民遭到日军屠杀的一个间接因素！

屠刀下的花季

33

　　12月1日，已集结至指定位置的日军，接到了日军大本营进攻南京的命令。12月4日，日"华中方面军"司令部下达进攻南京外围阵地命令。12月5日晚，在日空军的配合下，"华中方面军"各师团向南京外围各阵地开始发动猛烈的进攻。松井石根等日军指挥官率装备精良、穷凶极恶的日军，挟战胜之威，对困守南京危城的中国守军十分轻视。松井石根在12月初向各部队发出进攻南京的命令时，扬言"南京是中国首都，占领南京是一个国际事件。所以，须作周详研究，以发扬日本武威而使中国畏服。"①

　　在日军的强大攻势下，南京外围的中国守军陷入苦战。12月5日晚，日军第十六师团约3个联队向第六十六军句容阵地正面进攻，另以一部断六十六军后路。句容守军被围，损失极大。12月6日，日军正面部队已全部到达中国守军的外围阵地。南路日军进抵淳化镇，与国民党第五十一师激战；同日，西路日军渡丹阳湖，威胁芜湖后方。7日拂晓开始向主阵地发起总攻。同时，东路日军一部在栖霞山与国民党军接战。8日，日军三路同时向南京外围各阵地连续猛攻。至8日晚，日军全线突破中国军队防线：在南京东北

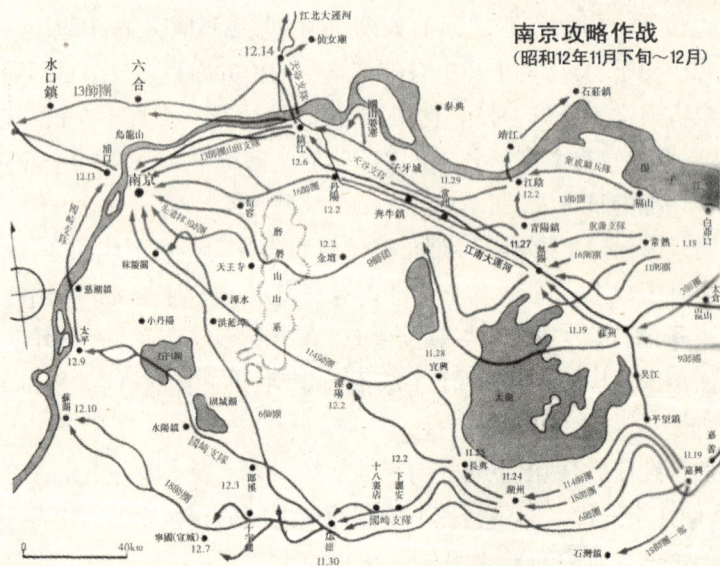

该图片选自由中国抗日战争史学会、中国人民抗日战争纪念馆、中国地图出版社编纂，武月星教授主编，《中国抗日史地图集》，1995年8月版。

---

　　① 《远东国际军事法庭判决书》，群众出版社1986年，第342页。

面，日军第十三师团山田支队进占栖霞山；东面，另一路日军占领大胡山；在南京西南面，日军第一一四师团攻占汤水镇，第九师团攻占淳化镇；在南京西南面，日军第一一四师团、第六师团攻占秣陵关、江宁镇一线，其中，第九师团一部乘中国守军后撤之机，跟踪攻入高桥门等地，突入光华门城门洞内。

南京保卫战，已经到了至关重要的关键时刻！

## ✳ 抵抗！退守二线阵地

面对如此形势，南京卫戍司令唐生智忧心如焚，却拿不出什么好主意。他一面频频向远在武汉的蒋介石汇报，一方面下令各部退守第二线复廓阵地，并调整兵力部署，做出以第七十二军孙元良部防守雨花台阵地；以第七十四军俞济时的第五十八师防守汉西门、上新河、三汊河；以五十一师防守中华门、赛虹桥、水西门；以教导总队桂永清部防守紫金山、中山门等等部署。

当晚，南京城头一片忙乱，日军零星的进攻已经开始，城内甚至能听到他们肆无忌惮的野蛮嚎叫声和稀疏的枪声。守军们纷纷擦拭武器，检查炮火，准备战斗。大家甚至唱起了振奋人心的抗日歌曲，气氛悲壮而严肃。一个新兵对一个从松沪前线撤下来的老兵说："大哥，咱们就要和小鬼子们见血了！你说，咱们会胜利吗？"老兵爱怜地看着新兵稚嫩的脸庞说："会的，我们会胜利的！"说完，老兵回过头去，不忍心让新兵看到他眼中难言的忧虑。是呵，谁知道明天晚上，这片炮火连天的南京城头，会不会是他们的葬身

图为中岛今朝吾，日军侵华战犯，曾是日本陆军在法国的情报处成员，后来成为天皇裕仁的日本秘密警察的头子。《日本天皇的阴谋》一书的作者戴维·伯格米尼称他是"一个控制思想、恐吓和酷刑的专家"。

战犯谷寿夫，南京大屠杀主要战犯。

第二章 南京大屠杀始末

屠刀下的花季

中国军队在城墙上抵抗日军

之地?

　　然而,与此同时,国民政府军委会何应钦、白崇禧及南京市市长马超俊等"党国大员",却在日军的进攻前吓破了胆,可耻地撤离南京,试图渡江经浦口前往武汉。看着他们忙忙碌碌地向船上搬运金银细软的苟且样子,有的士兵不禁不满地嘀咕说:"这些当官的,战斗一打响,便要开溜,让士兵们填人肉坑,真是缺德!"

　　9日拂晓,日军已突进至南京光华门外,各路日军收缩包围圈,日军为掩护地面部队攻城,还以六七十架飞机在南京城内外反复轰炸,投弹数百枚。战斗在南京外郊进行。中国守军进行了顽强的抵抗。他们在城北道路上配置了反坦克炮,在城门内配置了机关枪,并从城墙上大量投掷手榴弹,灵活而沉着地大量杀伤敌人。日军伤亡惨重,不得不在自己的作战报告中抱怨说:"在血战3日的猛攻中,部下死伤颇多,疲劳困苦至极点。"

## ✽狡猾!虚伪的劝降

　　在中国守军的顽强抵抗下,狡猾的松井石根下令日军在9日暂停对南京进攻,试图以最小的伤亡代价攻占南京城。在8日晚,他就赶写了一份

《劝降书》，由翻译官岗田尚译成中文，印刷了数千份，于12月9日中午用战机向南京城内空投散发。在信中，他虚伪地宣称："百万日军，已席卷江南，南京城正处于包围之中。从整个战局大势看，今后的战斗有百害而无一利。南京是中国的古都、民国的首府，明孝陵、中山陵等古迹名胜云集，实乃东亚文化荟萃之地。日本军对负隅顽抗的人格杀勿论，但对一般无辜良民及没有敌意的中国军队将是宽大为怀，并保障其安全。特别是对于东亚文化，更将尽全力予以保护。然贵军如继续抵抗，南京将无法免于战火，千年文化精髓将会毁于一旦。本司令官代表日本军，希望与贵军和平地接交南京城。"[①]

松井甚至自以为是地将投降洽谈的地址选在了中山路通句容道的警戒线上。他满怀信心，又有些轻蔑地对手下军官说："弱小的中国守军还有什么选择吗？除非他们不想活了！"松井的话，在日军军官中引起一片狂笑。

松井没有料想到，他的这些狡猾的伎俩，早被中国守军识破。当天，南京卫戍司令部下达命令："目下占领复廓阵地为固守南京之最后防线，各部队应以与阵地共存亡之决心，尽力固守，决不许轻弃阵地，动摇全军。若有不遵命令，擅自后移，定遵委座命令，按连坐法从严办理。"

这些无耻的日本强盗，失望地发现，中国守军非但在10日正午以前没有任何回复，反而从10日早晨起，用猛烈的炮火攻击他们，作为对此伎俩的嘲弄。12月10日中午，日本"华中方面军"副参谋长武藤章大

在光华门上耀武扬威的日军

① [日]松井石根，《劝降书》(1937年12月8日)，原件藏南京中国第二历史档案馆。

第二章 南京大屠杀始末

屠刀下的花季

37

佐,率高级参谋公平、翻译官岗田尚,气势汹汹地抵达南京中山门外的日军步哨线,等候南京守军派代表前来洽降。但过了约定时间很长时间,仍不见有人前来,日方代表悻悻地返回了苏州。

## ✱悲怆!"不破而破"的南京

松井石根见诱降不成,恼羞成怒。他咬牙切齿地说:"这些不知好歹的支那军队,就让大日本帝国勇士的炮火,去超度他们的亡魂吧!"12月10日13时,松井下达了攻城命令。经过休整的日军大批集结,向我二线阵地同时猛攻。第九师团与第三师团进攻光华门、中山门、太平门;第一一四师团、第六师团进攻中华门、雨花台、水西门;第十六师团进攻紫金山。第十三师团山田支队进攻乌龙山、幕府山,进攻南京城东北部。与此同时,国崎支队已从太平渡过长江,迅速沿长江北岸向东进攻江浦与浦口,意图切断津浦线;而从江阴西上的日海军第三支队的舰艇,连续冲击镇江与乌龙山炮台的长江封锁线,准备驶向南京江面。同时,日本的空军在掌握制空权的情况下,对南京城内外进行更加猛烈的空袭。

光华门的战斗,尤为激烈。日军的一支敢死队,头缠白布,手持战刀和短枪,嚣张地叫喊着:"日本勇士们,让我们成为第一批登上南京城墙的武士吧!"疯狂地向我光华门进攻。一时间,硝烟弥漫,枪炮声响成一片。此时,八十七师二五九旅的一个团与教导总队工兵营仓促间率队阻挡,与倭寇展开了惨

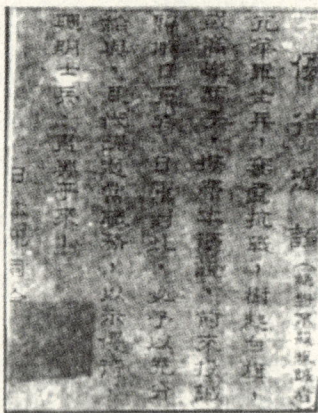

此物为日军破城后发给我国官兵的优待凭证(绝对不杀投诚者),大意为:"凡华军士兵,无意抗战,竖起白旗,或高举两手,携带本凭证,前来投诚归日军者,日军对此,必予以充分关照,且代谋适当职业,以示优待。聪明士兵,兴乎来?"事实证明,这完全是虚伪的谎言。日军用野蛮的杀戮,给自己除下了最后一点文明的"遮羞布"。

烈的白刃战。战斗愈演愈烈，光华门又复被日军突破两次，冲入城内百余人。二五九旅旅长易安华与团长谢家旬都倒下了！眼看光华门就要不保！恰在此时，奉命支援的部队赶到，中国守军一鼓作气进行了痛快地反击。一名中国军队的低级军官哑着嗓子说："弟兄们，我们不能再撤了！后面就是南京城！城里面千千万万的父老乡亲正在眼巴巴地看着我们！城门在，我们在，城门如果塌了，就让我们用胸膛顶起来！"这位军官的呼喊，得到了广大中国官兵的响应，他们齐刷刷地发出了震动天地的怒吼："誓死捍卫南京城！"

正在此刻，由于火力扫射不到已潜入城门洞圈里的日军，教导总队的团长谢承瑞，决心挑选数十名敢死队员，到洞圈内和日军一决雌雄。"谁要报名？"这位身材魁梧的大汉挥动着手中的短枪说道。"我要参加！""算我一个！我家里还个弟弟！"队列中走出了很多斗志高昂的士兵。尽管他们的眼中充满血丝，面色疲惫，有的还身带枪伤。然而，他们的眼中都流露出视死如归的神色。"弟兄们，你们都是好样的！"谢团长的声音哽咽了。他迅速组织好敢死队，带好武器，由城墙悄悄坠下去，将洞圈里的日军用榴弹、汽油全部焚毙，并猛袭通光营房，将那里的日军全部驱逐。鬼子们的惨叫声，汽油的焚烧声、爆炸声，连同中国勇士们无畏的怒吼，久久徘徊在南京城上空。光华门转危为安了，可数十位中国壮士也英勇牺牲，用他们的鲜血和生命，捍卫了中国军人的尊严。这次激战，连敌人也不得不叹服。

日军攻入南京中华门

南京一战，日军乘胜猛进，以8个师团的兵力分进合击，使南京守军处于三面被围、背水一战的困难境地。中国军队以疲惫之师仓促应战，一些部队虽作了英勇的抵抗，但军事当局在战前、战中以及最后突围时组织指挥上又出现不少错误，以致十几万守军除少数突围成功外，多数部队困于城内而渡不了江，城破之后惨遭日军杀戮。

日军占领下的南京城

屠刀下的花季

39

日军鉴于进攻光华门、通济门等地的失败，11日又以精锐部队猛攻中华门。中华门守军第八十八师，因日军飞机来回轰炸，被迫退入城内。日军跟踪冲来，使守军陷于混战，来不及关闭城门、撤走云梯，竟放入300名敌军！事态又一次危急起来！恰逢此时，副司令长官罗卓英，亲至第一线指挥，见到此情形，急切间振臂一呼："不能放日本人进来，谁与我共同去御敌？"一时间，群情激愤，罗卓英率队，在中华门一带与敌人展开激烈巷战，最终将攻入的敌人全部击毙。

中国守军以疲惫残破之师，用血肉之躯对装备精良的日军，进行着英勇的抗击。经过一天多血战，虽多次击退日军，但整体局势依然严峻。教导总队紫金山第三峰阵地因较为突出，守军在日军陆空强大火力攻击下伤亡甚众，不得不撤守第二峰阵地。11日下午2时，第八十八师雨花台左翼阵地被敌人全部炸毁，敌军乘机突破守军阵地，守在左翼山头的部队，在人称"矮脚虎"的林弥坚的带领下，与日军展开两天两夜激烈的肉搏战，林营长带伤出战，刺倒了几十个日军之后，浑身是血的林营长永远地倒在了这片土地上！八十八师二六二旅旅长朱赤，二六四旅旅长高致嵩，均于雨花台殉国！同时，第二军团因银孔山失守，与城内联络中断。各条战线的战斗空前激烈。日军兵器先进，火力猛烈，甚至违背国际公法，施放毒气。至11日晚，日军在多处已突破中国守军阵地。

但是，12月11日午后，正在危急关头，南京卫戍司令部的电话却响了，唐生智拿起听筒，里面传来了战区长官顾祝同不阴不阳

在中华门牺牲的八十八师二六二旅旅长朱赤

在光华门附近牺牲的八十七师二五九旅旅长易安华

在水西门牺牲的五十一师二○三团团长程智

的问话:"孟潇兄,前方战况如何?"唐生智低沉嗓音说:"将士们正在浴血奋战,但情况不容乐观,只能相机再作出判断。"听罢,顾祝同沉默了一会儿,缓缓地说:"那么,以唐将军看,两个月是否守得住?"唐生智嗫嚅良久,迟疑地说:"这不好说,如若不成功,唐某愿以死殉国。"顾祝同干笑了两声,又说:"你的心意我知道,不过,也不必如此。委座让我转告你,如情势不能久持,可相机撤退,以图整理,而期反攻就可以了。"听到顾祝同如此说,唐生智的守城决心,发生了动摇。可是,他也知道,在此关头,如下令放弃,不但守城计划功亏一篑,而且城内数十万军民也会成为牺牲品!事关重大,唐生智心乱如麻,不能决断。没过几个小时,蒋介石的加急电报又打来两次,再次催促唐生智撤退。唐生智一声长叹,颓然坐在了椅子上。看来,他"抬棺决战南京城"的愿望,恐怕要落空了!

　　12日夜晚,方寸已乱的唐生智召集各部队高级长官开会,传达了蒋介石的命令,并下令全军一部渡江,其余分散向近郊突围。一时间,会场上乱了套。有的军官直骂娘,有的痛哭流涕,有的默然无语。大家都为命令的突然改变而茫然,为南京城的悲惨命运伤心不已。而有些自私的军队长官,本来抗日之决心就不坚决,听到此命令,更是恨不得插上翅膀,飞过长江,到达安全的地方。可是,南京的机动车辆和船只,包括很多通讯设施,大部分已被蒋介石带走,要怎样才能将数万军队和数十万百姓带到安全地带?此时,各军长师长立刻四奔而去,所到之处,大声叫撤。部队立刻大乱,军心一下收不住了!

日军占领中华门

屠刀下的花季

唐生智率长官部少数人员,在第三十六师掩护下渡江而去。他下达的突围命令,只有六十六、八十三两军遵照执行,当夜由紫金山北麓和栖霞山附近突围成功。其他各部都不顾命令,涌向江边。兵败如山倒!洪水一般的败兵挤满了挹江门,互不相让,秩序队形混乱。而丢弃的车辆、驮马,使通路更为狭窄。从鼓楼到中山北路,到处都挤满了逃难的士兵和难民。突然,一辆装满弹药的汽车爆炸,顿时人仰马翻,血肉横飞。马车、黄包车和就近的几辆卡车也相继燃烧起来。此时的南京,汽车喇叭绝望地鸣叫着,大炮横七竖八地挡道,骡马嘶鸣,伤病喊叫,加上日寇炮轰的隆隆声和飞机炸弹的爆炸声,南京城已一片混乱!

然而,挹江门却紧闭着,城楼上一挺挺黑色的机枪对着争相逃命的人群。负责把守挹江门的第三十六师一个团奉命阻止部队向江北撤退,不时朝天上和城内拥挤的人海开枪警告。逃命的官兵大骂着、怒吼着,有些人端起枪来,朝守城士兵射击,对方还击,一时枪声四起,中国守军居然自己人和自己人动起手来了!一个挂着拐棍的伤兵气呼呼地骂着:"这些熊包长官全跑了,把我们都丢在这里,到底还是不是人?"另一个败兵也气愤地把枪丢在了地上,大声说:"说什么与南京城共存亡,都是假的!这些长官只顾自己逃命!早知道是这样,谁肯打仗?"

随着败兵蜂拥而至,下关也陷入混乱之中。下关至浦口之间,一次可渡七八百人的两艘大的轮渡,已撤往汉口,仅剩数艘小火轮及200多条帆船。船少人多,秩序十分混乱,于是人人争渡、任意鸣枪,场面混乱之极,可叹我英勇的中国守军,竟然落得如此下场!

当时,未撤离南京的国民党军队约八九万人,这些官兵绝大部分做了日军俘虏,被日军残暴杀害。总之,在日军破城前,国民政府就主动放弃了南京,正如《远东国际军事法庭判决书》中所讲的:"中国军队在南京陷落前就撤退了,因此日军所占领的是无抵抗的都市!"

## ❀浴血反抗:"誓死捍卫南京,与中山陵同在!"

客观地说,南京骤然陷落,与蒋介石有直接关系。日军精锐的华中方面军,挟淞沪战场之胜利,三面合围南京,坚守南京,存在战略难度,也不利于"持久战"的整体抗战策略。但既已决定坚守,却朝令夕改,或寄希望于国际援助,实属不智。而唐生智等高级指挥将领,指挥无方,既未做好坚守城池准备、平民疏散工作,亦没做好撤退安排,只开了一个师级会议,就宣布撤退

图为侵华日军占领南京总统府

图为中山陵铜鼎，见证日军野蛮炮火。中山陵卫士成员写下决心书，"与中山陵共存亡"，并在陵寝旁宣誓。1937 年 12 月 10 日，留守中山陵警卫处的 26 名卫士，协同守军，共同御敌；12 日队长刘祥首先在五棵松阵亡，区绍维、黎杰华等 18 名卫士先后在二道沟、灵谷寺、明陵东村牺牲，日军炮轰中山灵堂，破坏中山陵设施，班长赵致广等 6 人入城，继续与日军周旋，最终全部牺牲。

惶自顾，全然将属下生死和自己的誓言抛之脑后！十几万大军和几十万百姓，除少数突围，尽在江边乱做一团，无渡船，无救兵，无生机，背后只有日军狰狞的枪口！百年国耻，自蒋介石到唐生智等将领，实难辞其咎！但是，当南京城破时，也有一些国民党爱国将领和士兵，临乱不惧，临危不苟，用鲜血谱写了高亢的爱国之歌。宪兵副司令萧山令，第八十七师第二五九旅旅长易安华、第八十八师第二六二旅旅长朱赤、第二六四旅旅长高至嵩等高级将领，第五十一师第一五一旅第三〇二团团长程智、第五十一师第一五三旅第三〇六团团副刘历滋、第三营营长胡豪等中下级官兵都血洒阵地，战斗到最后一息！

"誓死捍卫南京，与中山陵同在！"是时任南京市市长，兼宪兵副司令的萧山令将军的名言。萧山令牢记军人守土之责，组织南京军民与日寇血战 26 昼夜。唐生智下达撤退命令后，由于日军重重包围，众多部队正面突围受阻，纷纷涌向下关，更有的干脆不作突围努力。通往下关的大街小巷人流汹涌，互相争道，为求尽快脱险，不少官兵竟把武器弹药抛弃。撤退成了溃退，江边更是拥挤不堪，一片混乱。萧山令为确保部队顺利撤离，又为防日军追击，指派教导团的两个营，占据要冲及制高点，掩护大队通过；又下达严令："各物可弃，唯枪弹不许丢。"并亲自殿后。宪兵部队到江边时，已过午夜时分，各军正在你争我夺抢渡，至有相互拔枪而对者。萧山令痛心疾首，指示所部不与友军争渡，自扎木筏渡江。13 日凌晨，中国军队尚有万余人壅塞江边，这时日军已追踪而来，成

屠刀下的花季

半圆形包抄开火。中国军队在溃退中大部分已手无寸铁，枪炮声中纷纷倒下。"死要死得壮烈，与其束手待毙，不如作殊死一拼！"萧山令挺身而出大声疾呼："没有武器的退后卧倒，宪兵部队就地抵抗！"训练有素的宪兵部队以连为单位猛烈射击，日军想不到溃退的中国军队，能如此有组织地阻击，猝不及防，倒下了一大片。慌忙后退一段，在机枪掩护下冲锋。江边无任何隐蔽物，宪兵部队背水作战，他们抱定决死之心，顽强抵御，随着时间推移，子弹渐渐告尽。历5个小时激战，宪兵部队已伤亡殆尽。敌人又一次冲了上来。已临最后一刻，萧山令振臂高呼："成功成仁，今日是也！"所剩无几的官兵挺着刺刀迎上前去，与敌人白刃格斗，全部壮烈牺牲。萧山令不愿被俘受辱，射出最后几颗子弹后，举枪自尽，杀身殉国，年仅46岁。

12月12日上午，日军第六师团攻占雨花台阵地；正午时分，该师团从被炮弹轰坍的城墙缺口突入城中，占领中华门——这是最先攻入南京的日军。日本军6名敢死队员，在一名叫中津留的军曹的带领下，终于爬上了中华门的城墙！接着，日军第一一四师团占领水西门；第十六师团攻占紫金山主阵地，突入中山门与太平门；第九师团占领光华门；第三师团一部占领通济门。12月12日下午5时半开始，中国守军放弃阵地，开始突围与撤退。华中方面军先后有6个师团进攻南京。其中第六师团和第十六师团是两支最凶狠残忍的部队。第六师团长是谷寿夫中将。这个师团最早攻陷南京城。谷寿夫是南京大屠杀的主犯。

图为抗日烈士，国民政府南京市代市长、宪兵副司令萧山令。

图为在太平门牺牲的一五六师参谋长姚中英

诚既勇兮又以武，
终刚强兮不可凌。
身既死兮神以灵，
魂魄毅兮为鬼雄！
　　——选自《九歌·国殇》

至 13 日傍晚,日军完全占领了南京。在如血的残阳中,南京总统府的青天白日旗缓缓地落下了,伴随着侵略者的欢呼,一面丑陋的日本膏药旗升起来了。看到这一幕的中国人,都好似有一把钢刀扎在了心上。历尽苦难的南京呵,在血与火中呻吟的祖国呵,你们何时才能变得真正富饶和强大起来?

## 悲愤! 大屠杀

"人类残酷对待同类的历史纪事,是一段漫长而悲伤的故事。如果要将这类恐怖的故事作一比较,那么,在世界历史中,很少有哪些暴行,在强度与规模上,能与二次世界大战期间的南京大屠杀相抗衡。"

——张纯如《被遗忘的南京大屠杀》

"山川草木皆是敌人。"

——南京大屠杀战犯柳川平助

攻陷南京后,日本本土陷入狂热中。

1937 年 12 月 13 日,《名古屋新闻》报道日军攻占南京消息。

亲爱的青少年朋友们,在南京保卫战之前和之后,日本侵略者不仅与中国军队作战,且对敢于抵抗的中国军民实行报复性屠杀。战后《远东国际军事法庭判决书》曾作出分析:"对都市或村庄居民实行屠杀以为报复,这就是日方所谓的'膺惩'行为。这些行为在中日战争史中一直未停过,其中最坏的例证就是 1937 年 12 月对南京居民的大屠杀。"[1]

---

① 《远东国际军事法庭判决书》,群众出版社 1986 年,第 483 页。

屠刀下的花季

## ✽有预谋的大屠杀在南京陷落前就开始了!

1937年12月初，南京远郊，天气已凉了，衰草枯萎，空气肃杀，干枯的树枝像刺刀一样戳向天空，而几只乌鸦则在半空盘旋着，不时发出刺耳的叫声，似乎在预示着什么不祥的事情发生。远处，一群难民正在急速地向这里奔跑而来，慢慢地由一个个黑点，变成了一些密密麻麻的人群。

"桂兰，快跑!"一个青年一瘸一拐地落在了后面，却大声对前面一个老人领着的孩子说。

这个瘦瘦的孩子哭了。一边哭，一边说："叔叔，你快跑! 鬼子就在后面!"

听到桂兰的哭声，领着她的那个老人也停下了脚步，眼泪汪汪地说："你快呀，我们等着你! 要活，咱们一起活，要死，咱们全家一起死!"

"别发愣了，快跑。"青年也流泪了，又说，"爹，我的腿受伤了，反正要被抓，桂兰还小，您不能不管她呀，快跑!"

听了这番话，老人领着孙女桂兰，加快了脚步。可就在这个时候，桂兰回头一看，一群骑着高头大马的日本兵，已经杀气腾腾地赶上了，而叔叔却还没有发觉! 她回头冲叔叔大声喊，叔叔一愣，可就在这眨眼的功夫，叔叔已经被一个日本军官砍倒了!

不一会儿，日本军人的马队就全部包围了这些难民。一个高个子日本兵，用雪亮的刺刀指着爷爷，用半生不熟的中国话说:

南京沦陷，日军入城仪式，走在最前者为松井石根。

12月13日晚10时，日"上海派遣军"发布日军完全占领南京的第一份战报:我进攻南京城的军队已于今天傍晚占领了该城。

"走,抬东西的干活!"爷爷急得直喊:"我的小孙女谁来看呀?"他放心不下才12岁的小桂兰。然而,日本人用枪托击打爷爷的脸,把他推走了。

天渐渐黑了,桂兰一个人在阴森荒凉的山谷里,她不晓得吃,只晓得哭,哭累了,就趴在叔叔身上睡觉,睡醒了再哭,寒冷和极度的恐惧,甚至让她忘记了饥饿。几天几夜后,爷爷回来找到她,带她到一个叫"大赤堰"的山沟里,那里有3个瓜棚,瓜棚里满是逃难的人。

然而,惨绝人寰的一幕再次发生了。那天太阳刚落山,来了几个日本兵,用枪堵住了瓜棚门口,有3个日本兵朝他们开了枪。爷爷很快把小桂兰压在地上,用身子帮她挡住了鬼子的枪口。枪响了一阵后,桂兰听到鬼子走了,就想推开爷爷,但推不动,她是"拱"出来的。她推爷爷,喊爷爷,沾了一手的血,可爷爷总是不醒。很快,她发现,3个瓜棚里的几十个人,除了她和另两个小孩外都死了。爷爷被打死后,小桂兰不知道该怎么办,饿了就到附近小塘里捧凉水喝。

5天后一个下午,有4个操本地口音的男人来到瓜棚,其中一个对小桂兰喊:"小鬼,你要跟我们一起走吗?"

桂兰恐惧地说:"不走,怕你打我。"那人说:"不打你。"桂兰这才跟着这个好心人走了。临走的时候,桂兰一步一回头地向后看着,这才几天的时间,她已经变成了孤儿!

据考证,桑桂兰所经历的"瓜棚屠杀",发生在1937年12月13日侵华日军入侵南京城区前。此屠杀和被证实的多起在汤山镇的集体屠杀,有力地证实了南京大屠杀早在日军入侵南京城区前就开始了。南京大屠杀延续时间也非常长。南京虽在1938年1月1日即有汉奸自治委员会成立,但未能制止日军。南京秩序直到1938年11月梁鸿志"维新政府"还都南京时,始得恢复。

青少年朋友们,如果你们认为,这些屠杀是随机而无组织的,那么你们就错了。其实,早在占领南京之前,日军大本营就策划了对南京的"膺惩",其目的是恐吓中国人民。1937年8月中旬,当松井石根受命率军离开东京前往中国前,与裕仁天皇、近卫首相及杉山元陆相商讨进攻上海与南京战事。天皇盯着松井问道:"松井君,如若进攻中国南京遇到顽强抵抗,你将如何处理?"松井深深地鞠了一躬,自负地说:"如中国军民与政府在日军武力进攻前不肯乞降,继续'坚持民族主义'和'排日情绪',那就必须付出血的代价! 大日本皇军是战无不胜的!"

47

事实上，日军进攻南京前，就制定了烧杀抢掠的方式与计划。战后东京远东国际军事法庭在对日本战犯的审判中，确认了上述事实，在判决书中写道：日本大使馆的官员是随着陆军的前锋部队一起进入南京城的。12月14日，日本大使馆的某一官员通知南京国际安全区委员会说："陆军决心给南京以沉痛的打击，但大使馆正试图缓和其行动。"这些大使官员当知道他们对日军当局的劝告毫不生效时，他们就向外国传教士说："传教士可以试向日本内地泄漏出实际情形，并借此引起舆论注意，使日本政府会迫于舆论不得不约束一下日本陆军。"以上事实说明，日本最高当局，日本大本营与日本政府，以及日"华中方面军"，在日本攻占南京前，就已预先制定了对南京军民的"膺惩"。南京大屠杀完全是预谋的、有计划的。以至于日本驻南京使领馆中个别良知未泯的外交官为顾虑日本外交形象，见劝告无效时，不得不企图借助西方传教士以形成国际舆论，迫使日本政府约束军方。

因此，日军对南京人民的屠杀，早在南京陷落前就开始了。日军在向南京进击的路上，已开始了对中国军民的烧杀抢掠。日同盟通讯社上海分社社长松本重治，根据日军第十军随军记者所谈，记述道："柳川兵团之进击所以迅速，甚至可以说，那是由于在官兵之间有一种'可以随意进行抢掠和强奸的默契'。"

1945年12月8日《每日新闻》反省南京"恶虐"行为。

日本报纸1945年也曾承认日军制造南京大屠杀。1945年12月8日《每日新闻》反省"南京恶虐行为"。对于南京大屠杀的暴行，日本一直进行新闻封锁，1946年东京审判后，"南京大屠杀"真相才公诸天下，当时众多日本民众不相信有此事。

## ✶残忍的屠杀令

1937年12月17日傍晚，空气中还弥漫

着浓重的血腥味和硝烟味,而日本华中方面军的司令官,杀人魔头松井石根,却满面春风地带领着他的参谋人员,骑着一匹高大的东洋马,跨过堆满尸体的南京城门,在城门口举行了耀武扬威的入城式。他得意洋洋地在致天皇的电报中写道:"如果您在此地,定能够听到大日本帝国士兵们在夕阳下胜利的欢呼!"

入城式结束后,松井又在几个将军的陪同下,踏上了清凉山。踩着清凉山上瑟瑟发抖的枯草,松井眺望着这个在战火中痛苦呻吟的南京,一脸冷漠地回头问身边的人:"我的命令传达了吗?"手下的人点头称是。这里,松井所谓命令,是他在 12 月 7 日"南京城攻略要领"中提到的"扫荡残败兵、便衣兵"。在这个"扫荡"的名义下,不仅可屠杀战俘和散兵,亦可屠杀平民。12 月 15 日,松井再发出命令:"两军(上海派遣军和第十军)在各自警备地区内,应扫荡败残兵,收集隐匿之武器与军需器材,扫除战场。"①

在这个残忍的屠杀令下,不仅下关、挹江门等败兵和百姓集中的逃难区惨遭屠杀,而且许多分散逃难的南京军民,亦遭到日军有组织的屠杀。上海派遣军第十三师团山田支队,于 12 月 14 日在南京幕府山附近获中国俘虏 14000 余名。经山田少将上报请示处理办法,军部三次向东京大本营军部请示,第三次复电为"按照军司令部的命令去干",遂即,朝香宫及师团长下令"处理掉",该批俘虏至 19 日上午全部被杀掉。

侵华日军华中方面军司令官、战犯松井石根

日本天皇裕仁的叔父、上海派遣军司令官朝香宫鸠彦

① 李恩涵,《日军南京大屠杀的屠杀责任问题》,载于 1990 年 5 月《日本侵华研究》第二期。

屠刀下的花季

"南京大屠杀"中杀我军民最多的是第十六师团。其次是第十军第六师团。它的司令官是日军皇道派，柳川平助中将。他在杭州湾登陆的演说中曾说："山川草木皆是敌人。在华北尤其是上海方面的战场，一般支那老百姓，纵令是老人、女人或者小孩，很多是敌人的间谍，或告知敌人以日军的位置，或加害于日军的单独兵等等。有这样的实例，故不能粗心胆大，需要特别注意，尤以后方部队为然。如果发现这些行为，不得宽恕，应采取断然处置。"①

目睹日军在南京暴行的美国《纽约时报》记者杜廷，对此气愤地说："日本军队因其在南京的大屠杀及野蛮行为，失去了难能可贵的获得南京市中国市民和外国人尊敬与信赖的机会……日本军队占领后的三天中，事态发展出人意料。大规模的劫夺，对妇女的暴行和对普通市民的虐杀，居民被逐出自己的宅院，集体处决俘虏，强拉成年男子等，使南京变成一座恐怖城市。"②

图为日军活埋我军民

图为日军用我军民做刺杀练习

图片出自《南京大屠杀史料集》28卷

## ●被证实的大屠杀主要地点

在日军屠杀下，中国军民死伤惨重。据调查，被证实的大屠杀主要集中在以下几个地点：

**下关**　在南京沦陷前夕，有成千上万的人拥向下关及其江边，成为日军屠杀对象。12月14日下午，日寇打开挹江门杀出来，对躲在中山码头、下关车站的难民，用机枪、步

---

① 见藤原彰《新版南京大虐杀》，东京，岩波书店，1988年。
② 引自杜廷于1937年12月17日在上海发给《纽约时报》的急电。

枪扫射,还向人群疯狂地抛掷手榴弹。成千上万难民倒下。余者被日军赶下江中淹死。12月16日,日军又把原华侨招待所的难民5000余人,分批绑送下关屠杀,尸体全部抛于江中。

**草鞋峡** 即指从鱼雷营至燕子矶约5公里长的狭长地区。日军把幕府山附近捉到的军民,押赴此处,集体屠杀,数目达几万人。

**燕子矶** 位于南京郊外直渎山。南京沦陷前,这里聚集几万难民。日军侵入南京的前一天,燕子矶江面,已被敌舰、敌机封锁,并向沿岸难民轰击,死伤无数。日军入侵南京后,又把难民赶到沙滩,架起数十挺机枪扫射。日军在此屠杀了我数万军民,并挖有万人坑。至今,燕子矶旁的南京大屠杀殉难者碑,还在向人们讲述着那段悲惨的历史。

**中央大学林场山洼** 日寇从镇江以北和龙潭、栖霞山一带,俘获数万散兵和难民,捆绑到观音门前原中央大学林场山洼,先冻饿几天,再从四面焚林,散兵和难民全被烧死。

日军第十三师团步兵六十五联队(两角部队)将放下武器的约1.5万名中国军人集中在幕府山一带准备加以屠杀。

屠刀下的花季

**雨花台**　雨花台在中华门外。传说元朝云光法师在此讲经,感动了天神,落花如雨,故名雨花台。几个世纪以来,无数民族英雄和革命先烈在此英勇就义。南宋抗金英雄杨邦义被俘后,在此被剖腹挖心而死。清咸丰年间,太平军与清军江北大营在此激战数年。辛亥革命起义军也在这里与清军血战。1927 年蒋介石叛变革命,以此为刑场,22 年中,将约 10 万革命者杀害。南京保卫战时,由于中国军队曾在雨花台猛烈抵抗日军,故日军在此暴行尤烈。当时许多难民躲藏在附近农村、田间。战斗结束后,日军把搜到的难民和中国士兵,驱集雨花台,分批杀害。

**汉西门又称汉中门**　城门外临秦淮河,是日军多次使用的屠杀地点之一。我同胞在此惨遭杀戮不下万人。

**煤炭港**　临长江水,靠上元门,近有一和记公司,是英国人开办的一家工厂。南京沦陷时有几千难民躲于该公司内,被日军分别绑出全部杀害。

图为南京沦陷时日本报纸"百人斩"图片

## ● 悲情历史黑镜头

南京大屠杀虽然场面混乱,但是,日军的屠杀大致由三部分组成,一是 12 月 13 日破城之时,对集中在下关码头、燕子矶等大量企图渡江的难民和败兵,进行屠杀;二是完全占领南京后,又分别将城中搜索到的难民和士兵,集中于下关码头、汉中门、草鞋峡等地进行大规模屠杀;三是在城内的零散屠杀。

镜头之一　秦淮河的无声哭泣：汉中门外大屠杀。

时间：1937 年 12 月 15 日
地点：汉中门

南京大屠杀燕子矶江滩遇难同胞纪念碑

汉中门一瞥

今天，汉中门是南京繁华的商业区之一。天色近黄昏，空气氤氲，秦淮河的水波荡漾，更是风情万种。美丽的汉中门在朦胧的夕阳下，就像一个多情佳人。多少风流才子俏佳人的故事，多少缠绵悱恻的传奇，都曾在此处上演。可谁会想到，70 年前汉中门上的天空，竟然弥漫着浓烈的、令人欲呕的血腥气！

1937 年 12 月 15 日，日军在司法院难民区搜捕 2000 余人（含警察）押至汉中门外，用机枪扫射，复用木柴汽油焚烧。证明这一大屠杀的受害者有伍长德、仲科、陈永清。伍长德是当年日军南京大屠杀幸存者之一。1946 年 5 月，伍长德曾作为证人，出席远东国际军事法庭作证。后来，又在南京召开的审判南京大屠杀主犯之一谷寿夫的大会上作了控诉。

那一年，伍长德 29 岁，在南京担任交通执勤，空闲时间在南京市糖坊桥帮家里磨豆腐。他家里有妻子、儿子、岳母，加上岳母的两个弟弟，共计 6 人。12 月 15 日上午 3 时左右，忽然来了几十个端着刺刀的日本兵，其中也有带着宪兵臂章的。难民们大吃一惊，全都站起来。日本兵到来后也不作任何说明，只是用日语乱叫了一阵，就用刺刀把青壮男子全部赶到外面来，屋里只剩下几十名老弱妇孺。司法院的大门紧闭着。伍长德他们从侧门出来，走到中山路一看，从其他建筑物里赶出来的许多青壮男子也在大批日本兵的包围下集中到这里，大家都被迫坐下，话也不敢说，非常紧张。日本兵不时地大声叫嚷着，但全都听不懂，不久，集中到这里的男性中国人就达到 2000 人以上。下午 1 时到达汉中门,2000 多人在门里停下来,再一次被命令坐下。过了 20 多分钟,站在队伍前面的两个日本兵拿着一根长绳子,从人群中圈出 100 多人,大群日本兵从两侧、后方围着这批人,把他们带往汉中门外。这时,伍长德才肯定地认为,的确要屠杀了。

下午 5 时多,轮到了伍长德这一组,后面还有二三组留在那里。那两个日本兵牵着绳子两头,拉着伍长德他们一组人,把他们带到护城河堤边上。河堤左右两端,一边架着两挺机关枪,然后从中间把伍长德他们赶到河堤斜坡下面。伍长德一看,眼前全是尸体,他索性向前跑了几步,纵身一扑,扑到尸体堆上。这个动作几乎是下意识地完成的。就在他扑倒的同时,身后的机关枪响了,人们接二连三地倒下去。机关枪扫射之后,不一会又响起步枪声音,这大概是瞄准目标射击。后来,扫射结束了,伍长德没死,就趴在死人下面,大气不敢出。冷不防,他的背上挨了一刺刀,火辣辣地疼,原来是在尸堆上搜索活人的日本兵用刺刀乱扎,刀尖穿透背上面的人体,扎到他的腰上来了。伍长德拼命忍住痛,一动也不敢动。不久,下面一组屠杀又开始了。过了一会儿,先是听见堆放木头的声音,接着闻到了汽油味——要把剩下的活人都烧死! 伍长德正在这么想,火已经点着了,此时天色已暗,火舌迅速蔓延,烧着了他的衣服。到了生死关头,他横下心,跳进水里逃生,这才捡了一条性命!

日军将中国警察押到汉中门屠杀

汉中门外二道杆子大屠杀遇难者丛葬地

图为幸存者伍长德 (约翰·马吉牧师于 1938 年初拍摄)

镜头之二　血染的人间地狱：下关中山码头大屠杀。

时间：1937 年 12 月 16 日
地点：下关码头

　　1937 年 12 月 16 日，华侨招待所难民 5000 余人，被日军押至下关中山码头，用步机枪射死，把尸体推入江中，毁尸灭迹。此案有被害人梁廷芳、白增荣、刘永兴等作证。梁廷芳曾出席远东国际军事法庭作证。在他的记忆中，16 日早饭后 12 时前，突有日军七八名持枪而来，即挥手令梁廷芳等 5 人随其出走，跟至华侨招待所后大空场。梁廷芳见有数百人席地而坐。继之陆续由日军从各方驱来平民多人。此时天已渐黑，即由日军指令以 4 人一列，依次向下关方向而行。梁廷芳开始还以为要渡江做工。不一会儿，就有两辆满载麻绳的大卡车开来了，又有一辆新式汽车带着一个高级日本军官来到。高级军官嘱咐数语，士兵便分取麻绳，然后向东西分散，同时在路当中每数十步放置机枪一挺。午后，大屠杀开始。屠杀至夜约 10 点钟，梁廷芳等借着月光看见东边有 10 余名日军正在捆人执行屠杀，状至极惨。白增荣小声对梁廷芳说："咱们与其等着被杀，不如投江一死，说不定还能活命！"

日军将城内青壮年平民押上汽车运至郊外屠杀

于是，两个人携手投入江中，自料必毙身鱼腹，谁想江边水浅深及大腿，一跳不死，则不愿再往深处走。万恶的日军，见他们跳江尚不肯饶，即以机枪向江中扫射，唯恐留下活口作证！

刘永兴也是这一惨案的重要见证人。那天，刘永兴全家躲在屋里，不敢出来。下午3时左右，一个日本鬼子闯进门来，将他和弟弟押上汽车运至郊外屠杀。刘永兴只好跟他出去。出门后，一个汉奸翻译官对他们说，要他们到下关中山码头去搬运东京运来的货物。他们先被带到一个广场，天将黑时，场上坐满了人。鬼子叫他们6至8个排成一排，向中山码头走去。到了下关中山码头江边，刘永兴发现鬼子共抓了好几千人。鬼子叫他们坐在江边，周围架起了机枪。刘永兴感到情况不妙。他想，与其被鬼子打死，还不如跳江寻死！鬼子在后边绑人以后，就用机枪开始扫射。这时，天已黑了，月亮也出来了，许多人纷纷往江里跳，他和弟弟也跳到了江里。鬼子急了，除继续用机枪扫射外，又往江里投手榴弹。跳江的人，有的被炸死了，有的被炸得遍体鳞伤。惨叫声，呼号声，响成一片。一阵混乱之后，他和弟弟失散了，以后再也没有找到。他随水漂流到军舰边，后来又被波浪冲回到岸边。他伏在尸体上，吓得不敢动弹。突然，一颗子弹从他背上飞过，擦破了他的棉袍。夜里，鬼子在江边守夜，见江边漂浮的尸体就用刺刀乱戳。刘永兴离岸较远，刺刀够不着，才免一死。

战前下关码头

日军将战俘押往屠杀地点

旅美画家李自健油画《南京大屠杀》

我们用刺刀把没有被枪打死的人刺死。月亮正圆，挂在山边。在煞白的月光下，垂死的人发出痛苦的哀鸣。没有比这更让人毛骨悚然的了——近藤荣四郎日记。

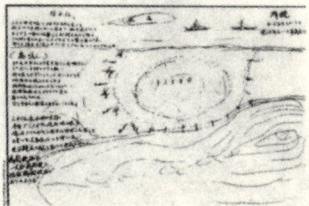

图为参与幕府山长江边屠杀的日士兵田中绘制的现场示意图。

田中三郎是日军第十三师团第五十六联队第二中队下士，他绘的大屠杀现场。图中说明：扬子江：说暂时把他们放在中间的岛上，把船开到江的中间集合后就远离了。从四面八方同时射击杀死了他们。此刻人堆有一丈多高，堆起来塌下去，堆起来塌下去。从岛上流放：这天夜里，从铁丝网的一端开始刺杀，直至天亮，处理过程中还浇上汽油烧，用柳条把他们一个一个地拖进江里。据说我部队处理了 13500 人，其他部队处理了 70000 多人。

图为草鞋峡遇难同胞纪念碑

## 镜头之三　绝望的呼喊：草鞋峡大屠杀。

时间：1937 年 12 月 19 日
地点：草鞋峡

南京沦陷前，无力逃跑的人们，成批散到城外四郊农村，从前方又逃来各种身份不同的难民，其中有大批伤兵、病号，沿江一带最多。后来守南京城的部分国民党军队，也跑到城外，以避日军之凶锋。日军在幕府山附近搜抓的 5 万余军民便是其中一部分。如此大量难民，先被驱至幕府山关押，几天中不给饮食，后把难民驱押至草鞋峡屠杀。此即草鞋峡大屠杀。

证人唐广普，南京沦陷时，他是驻守南京的中国守军教导总队二团第三营部的勤务兵。12 月 13 日，日军从中华门侵入城内，唐广普和另一位叫唐鹤程的好友，相约逃到燕子矶，两人找到一块圆案板，使尽吃奶的劲，好不容易把它抬到江边，放到水里，想扶着它泅渡到江北。可那个圆案板，在水里乱转，竟不能前进。没办法，又回到燕子矶。天还没亮，日本兵搜山时发现了他们，于是，他们当了俘虏。鬼子把他们背靠背，手臂对手臂地绑起来。此时，场地上已站满了许多被捆绑起来的中国人。后来，他们被赶到幕府山。这里全是竹泥结构的棚子，里面塞满了被鬼子抓来的人。他们被关在里面，连饭也不给吃，到了第三天，才给水喝。鬼子稍不如意就开枪杀人。到了第五天，他们被饿得肚皮贴着脊梁，都只剩下一口气了。

屠刀下的花季

第六天早上,天还没有亮,鬼子就把他们都赶到院子里,把所有的人臂弯对臂弯地用布条捆绑起来。等到全部人都绑完,已经是下午两点多了。然后,鬼子用刺刀逼着这一大群人排成队,向老虎山方向走去。当时,人们已饿得一点气力也没有了。日本鬼子在队伍两侧,看谁走慢了,就给谁一刺刀。走了十多里,天已经黑了,敌人改道把他们赶上燕门离江滩不远的空场地。6天6夜没有进食,又走了许多路,一停脚步,大家就瘫坐在地上,再也站立不起来了。一时,场地上黑压压地坐了不知多少人。虽然如此,求生的欲望使人们觉察到鬼子要集体屠杀。他们相互用牙咬开伙伴的结头,准备逃命。人们还没有全部把结咬开,四面探照灯亮了,漆黑的夜一下亮得使人头发昏。接着,江面轮船上的机关枪和对面高地上的机关枪,一齐疯狂向人群扫射。大屠杀开始了。枪声一响,唐广普和唐鹤程赶忙趴在地上。过了许久,枪声停了。唐广普想,要赶紧离开这里,才能活命。他慢慢地、轻轻地从死尸中探出头来,找机会悄悄逃走了。

图来自《南京大屠杀史料集》

面对着雪亮的屠刀和狰狞的日军,这个中国青年的生命的最后一刻在祈祷些什么?是祈祷上苍让恶人受到惩罚,还是祈求自己在生命结束之时能够飞升天堂?现在的我们已经不得而知。但是,在那死亡的一瞬间,"屠杀者"和"被屠杀者",却以一个对峙的姿态,给我们展示了生命的留恋、绝望的无助和人性所有残忍的黑暗。

## ❈抢劫与纵火:地狱里来的战争魔鬼

经过血洗的南京城,又遭受了日军贪婪无比的抢劫与疯狂的纵火。让我们看看发生在1937年12月中下旬的南京街头常见的一幕吧!马路上,一群群兴高采烈的日本士兵,懒散而兴奋地行走在充满焦臭味的大街上。他们不像纪律严明的部队,更像一群野

蛮的强盗。他们身上的所有口袋，都塞得满满的，有的还在背上用白色的被单结着一个大大的包袱，包袱沉甸甸的，压得那个矮个子日本兵的腰都弯了。可他的眼睛，还是贪婪地在四处寻觅。还有一个日本兵，实在拿不动东西了，居然使用了一辆小童车来装载货物，小车被压得吱呀作响。也许，这辆童车上的婴儿和他的父母，早已遭到日本人的毒手了吧！

　　那么，这些日军抢劫的是什么重要的战略物资呢？原来，日军在市内各处大规模抢劫机关、银行、工厂、民宅、商店，不仅抢劫武器、钢铁、粮食，而且小到香烟、食品、衣物、首饰、手表、文物、字画，甚至服装店里妇女的丝袜、乳罩和裤衩，都在这些"高贵"的"大日本勇士"的抢劫范围内！凡日军所至，不仅中国人的物品被洗劫，就连外国在南京的侨民家，甚至是使馆外交官的家也不能幸免，连他们自己盟国德国的侨民也被抢劫。美大使馆职员晋钦，女传教士苞尔，及德人雷伯、巴赤德、波濮罗、蒸姆生等之住宅均遭多次搜劫，损失严重。德国侨民的60多幢房屋，有40多幢遭受不同程度抢劫。日军在南京的抢劫是有计划的，上自师团长下至士兵无不从事抢掠，很多发了横财。于1937年12月21日自第六师团长谷寿夫手中接管南京城防的第十六师团长中岛今朝吾就是满载而归回日本的，这些贪婪凶残的日本兽军在抢掠财物时，稍遇不满或认为不满足，就将被抢劫者肆意屠杀。据陶秀夫《日寇祸京始末记》一书所讲："僧寺之大钟铁鼎，以及文德桥之铁栏，商店之铁门，及发电厂、自来水厂之铁锅炉等设

日军用抢来的婴儿车来运送劫掠所得财物

屠刀下的花季

59

备,装置在数辆汽车内,运至火车站,载于火车而往者,亦数若干次矣。"

然而,最能显现日军贪婪与无耻的,还在于日军逐门逐户地搜刮百姓的财产和生活日用品。如果说,对军需用品的抢夺,还是出自战争考虑,那么,对百姓无休止的勒索和抢劫,简直让人将日本军人等同于无赖。

一个黑沉沉的夜晚,20多个日军闯进南京金陵大学的护士宿舍进行抢劫。"举起手来!"在雪亮的刺刀下,护士们惊恐地缩成一团。虽然,贫穷的护士们拿不出什么值钱的东西,可日本人什么都要:180元钱、6支自来水笔、两只手表、两个手电筒、两双手套、两捆绷带、一件毛线衫!随着抢劫的不断深入,曾经"威武雄壮"的大日本皇军却越来越像一些精明的"小商贩"了。他们不仅搜身、撬地板、搜查衣柜和橱子,而且剥下中国人略微像样一点的衣服。更为可耻而可恨的是,这群强盗居然发展到了检查居民的马桶!原来,他们听别人说,有的居民为了逃避检查,就把金银财宝丢在马桶里。所以,精明的日本军人们,只要进屋搜查,首先就是把马桶倒过来,顾不得里面的臭气,认真检查一番!

这帮强盗还大肆抢劫南京古城的文物、古籍、金石书画、碑帖墨迹等等。日军派出特工人员330人、士兵367人、苦工830人,从1938年3月起,花费一个月的时间,每天搬走图书文献十几卡车,日军在南京郊区共抢去图书文献88万册,超过当时日本最大的图书馆东京上野帝国图书馆85万册的藏书

采自[日]村瀬守保《写真集南京大虐杀》,日军在枪杀无辜群众。

田中军吉杀死大批中国人后,竟公然劫夺被害人所有物品、衣物。

日军在南京郊区抢劫

抢劫所获

中国农民对日军的暴行发誓抵抗

量！松井石根就是一个最大的抢掠者，他1937年在苏州得到一份古物纸画的展览表，之后便安排人替他按表上所有进行抢劫。

日军为了掩盖他们的罪行，继大肆抢劫之后，就是有计划、有组织地焚毁。松井石根进城后，到处都是大火。从新街口到中华门，从大行宫到夫子庙、长江路上、下关等地，除被日军占用的房屋外，所有大的建筑物、商店、住宅都遭到了焚烧。烈火浓烟，一连烧了39天。日军入南京后大肆抢劫放火，不仅把南京商业区抢劫一空，而且纵火焚烧。日军入城后，见人就杀，遇屋即烧，烈火不停7周之久，夜晚照成白昼。大火延至白下路、朱雀路、中华路、太平路、中山东路，繁华商业区不数日而化为灰烬。日军总司令松井石根于12月17日抵南京举行入城仪式，在南京逗留一周。12月20日后复作有计划地纵火烧城，市民有敢营救者，尽杀无赦。是日菲奇博士同史迈士教授驾车外出所见："城内最重要的商业区太平路一带，烈焰冲天。向南行，我们看见日兵在店铺内放火。更向南行，我们看见日本兵忙着把东西装入军用卡车。青年会已起火，尚未波及附近的房屋，起火的时间显然不久。我们无心细看，匆匆前进，夜间我从窗口眺望，14处的火舌向天空飞腾。"日军放火是在军官指挥下，先由他们在认为可烧的门上画一记号，士兵们再使用汽油和化学药品纵火。

社会学家史迈士率领国际安全区委员会之工作人员从1938年3月至6月作了为期3个月的调查，完成《南京战祸写真》，由该会于1938年6月在南京出版。调查结果南京市内房屋遭破坏者为89%；其中因交

屠刀下的花季

战因素毁坏的有 2%，毁于纵火焚烧的有 24%；另外的 63%是由于掠夺和抢劫。1946 年南京市临时参议会公布的"南京抗战损失调查表"，估计"南京大屠杀"期间公私财物之损失约为国币 2460 万元！

大火下，日本兵洗劫了这条街道上的每一人家，每一店铺。

# 声讨！罪恶昭昭　震惊世界

## ——关于南京大屠杀的早期报道①

日军攻占城市后的屠杀、强奸、掳掠似乎都属于一个更加野蛮、已经消失的时代。

——德丁

### ✽英美记者最早向世界发出快讯

1937 年 12 月 17 日，浩劫中的南京城，一片狼藉的长江边，一艘军舰正在开足马力向下游冲去，舰尾高高的浪花在长江中留下了长长的航迹，南京，一个悲惨的人间地狱，正在一点点地远离美国记者杜廷、斯提尔以及摄影师孟根等人的视线。虽然，那些绝望的眼神，悲惨的呼号，渗透血水的断肢，已经不再出现在他们的眼前，但是，不断涌向军舰"奥湖"号的死尸，那些被鲜血染红的船舷，还在提醒着这些具有正义感的西方人，屠杀还在继续！于是，在军舰上，记者们纷纷拧开自来水笔，铺开稿纸，几天来的经历让他们又陷入了回忆……

不可否认，英美等西方国家记者，利用"第三国"的有利身份与地位，最早向世界报道了日军南京暴行。美国《芝加哥每日新闻报》于日军攻陷南京的第三天，12 月 15 日刊登该报记者 A.T.斯提尔发自南京江边"奥湖"号军舰上的报道。斯提尔称："离开南京之际，我们最后见到的场面是一群三百名中国人在临江的城墙前井然有序地遭处决，那儿的尸体已有膝盖高。"另一名美国记者 F.提尔曼·杜廷于 12 月 17 日从"奥湖"号军舰向《纽约时报》发出特讯，客观报道了发生在南京的悲惨事件。该电讯称："屠杀平民的现象极为普遍。星期三(12 月 15 日)外国人在全城四处走了走，发现每条街都有死难的平民。他们当中有的是上了年纪的老汉，有妇女，也有儿童……日军

---

① 主要采用孙宅巍《论南京大屠杀真相的早期传播》，《南京社会科学》2004 年第 6 期。

的抢劫已经达到洗劫全城的程度。几乎每一座房子都被日本兵闯进去过，并且经常在军官的眼皮底下随心所欲地抢东西。日本兵还逼迫中国人挑运他们抢来的物品。"

随后，《纽约时报》在1938年初，又对南京大屠杀作进一步报道。这篇报道中，记者德丁对日军暴行进行无情揭露和正义谴责。德丁估计，在被围困、遭歼灭的3.3万名中国军人中，"约有两万人遭处决"。他还评论说："对于日军，攻占南京具有至高无上的军事和政治意义。然而，他们的胜利都由于野蛮、残酷、集体屠杀、俘虏、掳掠全城、强奸妇女、虐杀平民和肆意破坏而黯然失色。这些丑行将成为日军和日本国家名誉上的污点。"①

## ❋在共产党的影响下，中国人控诉暴行

对于侵华日军的南京大屠杀暴行，中国共产党和国民党中的爱国人士，都运用各种手段，加以揭露和谴责。1938年1月23日，《新华日报》报道南京惨案，并多次报道了侵华日军在南京的血腥暴行。3月9日，该报以"日寇在南京兽行"为题，系统揭露了日军在南京杀、烧、淫、掠的野蛮行径。报道称："十三日晨，敌大部入城，全市悲惨黯淡，顿陷恐怖状态，初则任性烧杀，继则到处奸掠。""综计旬日之间，死者六七万众。"②5月30日，该报又以"南京同胞惨遭蹂躏"为题，指出："倭

图为1937年12月18日，《纽约时报》记者蒂·德丁发自南京的首篇报道。

英美记者有关侵华日军南京大屠杀的报道，时间早、信息快，涉及到暴行的方方面面，立场比较客观。同时，这些报道充分表达了报道者对日军暴行的谴责和对无辜中国人民的同情。但也必须指出，英美记者的报道，大多属于记者个人所见所闻，带有一定局限性。特别是对于受害者人数统计上。

---

① 陆束屏编译《南京大屠杀——英美人士的目击报道》，红旗出版社，1999年版，第74页、第86~87页、第104~105页。

② 《新华日报》，1938年3月9日。

敌自侵入首都以来，其对我军民之种种残杀淫掠行为，可谓穷凶极恶，惨绝人寰。"[1]

当时以民主人士身份担任国民政府军事委员会政治部第三厅厅长的郭沫若，于1938年6月亲为田伯烈所编著《外人目睹中之日军暴行》一书中文版作序。该序言针对日军在南京的暴行尖锐指出："说到屠杀与奸淫的手段之酷烈，尤其有令人发指者。已经解除了武装的士兵，被诳骗了去集团的加以扫射或焚烧。十一二岁的女孩，五六十岁以上的老妪，均难免于淫者的魔手。有的在奸淫之后还要继之以残杀，继之以死后不可名状的侮辱。这罪孽，在人类史上，实在是留下了不能洗刷的污迹的。"[2]

在国民党和国民政府方面，其喉舌《中央日报》及中央通讯社也及时报道了发生在南京的惨剧。据中央社12月22日发出的电讯称："日军入城听任军队从事有组织的劫掠，并任意强奸妇女，继复大事屠杀，4日中被杀者约5万人。日军并侵入难民区，而将所有壮丁借口谓系中国士兵，悉数加以枪决，目前尸骸，堆积如山"。[3]

## ✳西方人士的强烈抗议、严厉谴责

战胜的军队要求回报——奖赏就是抢劫、杀人、奸淫和随心所欲。日军以令人难以置信的兽行和残忍对待每一个表示抗拒和不善的平民，他们就是这样向全世界大声宣

1938年1月23日，《新华日报》报道南京惨案。

中共《救国时报》

---

① 《新华日报》，1938年5月30日。

② 《郭沫若序》，1938年6月23日，载田伯烈著《外人目睹中之日军暴行》，国民出版社，1938年版。

③ 中央档案馆等编《南京大屠杀》，中华书局，1995年版，第167页。

屠刀下的花季

布的。无疑,在所有的现代历史中,没有一项比南京劫难更为黑暗的了。"①

——菲奇

这是"12·13——侵华日军南京大屠杀史实展"上展出的日本女教师松冈环征集到的原日本官兵的日记、信件和手绘图。2005年8月10日　新华社记者韩瑜庆　摄

一批富于正义感和同情心的西方人士组成南京安全区国际委员会,以及国际红十字会南京委员会、南京金陵大学非常委员会等单位,除采取各种有效措施,尽力保护中国难民的人身安全和提供生活保障外,还通过各种文电,伸张正义,揭露日本侵略军在南京的暴行。

国际委员会不断就日军暴行提出抗议。12月17日,该委员会就日军对安全区的骚扰、暴行,向日本驻南京代总领事福井提出"强烈口头抗议",迫使日方答应派兵保护设于美国教会机构中的8个收容所;次日,国际委员会复致函日本大使馆,抗议日军"在难民区内,继施骚扰",致使"鸡犬不宁,20万难民痛苦呻吟",要求日方"迅速采取有效行动,阻止不幸事态"。②国际委员会先后向日本大使馆提出交涉和抗议20余次,共列出暴行400余件。此外,国际委员会委员、金陵大学非常委员会主席贝德士博士,还根据拉贝建议,单独用打字稿,几乎每天向日本大使馆提出一份报告,反映日军在安全区收容所金陵大学校园内的犯罪事实。

就连当时日本盟国德国外交官也对日军在南京暴行加以证实并谴责。德驻华大使馆留守南京办事处政务秘书罗森曾再三在

对日军士兵不顾国际公法,大肆抢劫外国使馆的财物,松井石根在12月29日的日记中记述说:"我军士兵中又出现了抢夺驻南京各国使馆汽车和其他物品的事件,军队的愚蠢和粗暴行为使我大为震惊。"(甲级战犯松井石根)

---

① 中国第二历史档案馆等编《侵华日军南京大屠杀档案》,江苏古籍出版社,1997年版,第647页。

② [奥]田伯烈著、杨明译,《外人目睹中之日军暴行》,国民出版社,1938年版,第241~242页、第251页。

1938年1月23日,《大公报》报道日军在南京暴行。

致国内的外交文书中说:"决不能指责诚实见证日本人所犯残酷罪行的人是什么忌恨和偏见。"他甚至将国际委员会委员马吉牧师冒险拍摄的日军暴行影片推荐给希特勒观看。他在致外交部的文书中写道:"解说词和影片本身都是一部令人震惊的时代文献。请允许我提出这样的请求,把带有解说词译文的这部电影能放给元首和总理一看。"罗森断言:"日军在南京这方面的所作所为为自己竖立了耻辱的纪念碑。"①

## ❋难民们的亲历惨案

汉口《大公报》于1938年7月将南京某文化机关职员李克痕亲身感受的"南京大屠杀"公之于众。李氏揭露:"敌人攻入南京后,抢、烧、奸、杀,是同时进行的。中华门、通济门、光华门一带,遭敌人屠杀更为惨痛,百姓死者不知其数,就是年迈的老人,也不能幸免,大街上尸身横躺竖卧,血流满地……真是惨不忍睹。敌人又到处纵火焚烧房屋,尤以中华路、太平路、夫子庙等处为甚,烧得片瓦无存,往日是繁华街市,今日都变成一片废墟,残瓦颓垣,真令人触目伤心。"②《宇宙风》杂志刊登记者林娜报道文章《血泪话金陵》,真实披露了日军在南京的暴行和红字会等慈善团体对遇难同胞尸体的收埋:"他们一面检查,一面杀人,全南京堆积着的都

① 《德国档案馆中关于侵华日军南京大屠杀的档案资料》,载《抗日战争研究》,1991年第2期。
② 李克痕《沦京五月记》,载《侵华日军南京大屠杀史》,江苏古籍出版社,1985年版,第107页。

屠刀下的花季

是尸骸,后来由红字会出来招工人去掩埋尸骸,我也是那时被招去的。开始是到富贵山一带去埋,每一坑200人,尸骸都是老百姓,他们的手被用铁丝反绑着,在无情的机关枪炮火底下死亡了。埋完了又被调到南门来,这儿的尸骸都是被刀刺死的,每人至少有十几刀。"①

1938年8月,《西京平报》上,南京守军营长郭岐详尽地向世人揭示了日军在南京杀烧淫掠的暴行。文中标题触目惊心:"十余万可怜的同胞皆作了机枪下的鬼","12岁女孩至80岁之老婆婆皆在奸淫之列","空前的大焚烧"……②1938年8月武汉出版军医蒋公毅《陷京三月记》。该书以日记形式,按时间顺序,记述日军在南京的血腥暴行:"下关方面不及退却之我军,当场被杀者约有万计,道路尽赤,尸阻江流。被俘于麒麟门一带四千余人,无饮无食,每日倒毙者恒四五百人。现三汊河一带被沉之忠魂尸体,不计其数。在城内,有大批保安队,约四千余,每日搜捉之壮丁民众,被认为战士者,每日必有数千,均押赴下关,使其互为束缚,再以机枪扫射,不死者亦掷以手榴弹,或以刀迫入地窖,或积叠成山聚而焚之。"③

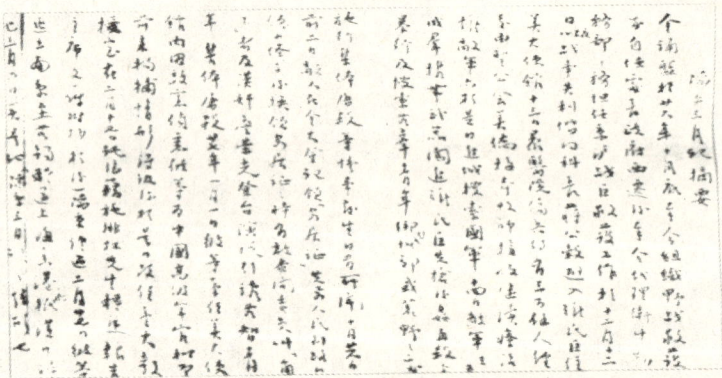

蒋公毅:系第三战区第一救护总队科长,他以日记形式记录了1937年12月13日至次年2月27日目睹日军在南京的暴行,原件存中国第二历史档案馆,选自《南京保卫战——原国民党将领抗日战争亲历记》,中国文史出版社。

(来源:侵华日军南京大屠杀遇难同胞纪念馆)

---

① 林娜《血泪话金陵》,《宇宙风》,1938年7月版,第71期。

② 郭岐《陷都血泪录》,西安《西京平报》,1938年连载。

③ 蒋公毅《陷京三月记》,载《侵华日军南京大屠杀史料》,江苏古籍出版社,1985年版,第91页。

# 第三章 屠刀下的花季

国破山河在,城春草木深。
感时花溅泪,恨别鸟惊心!

——节选自爱国诗人杜甫诗歌《春望》

占领南京后,残暴的日军不但大肆屠杀无辜的军民,而且对天真烂漫的孩子们也痛下毒手,南京的青少年因此也遭受了前所未有的空前大劫难。一笔笔血债,一张张触目惊心的图片,日军的罪行真是罄竹难书!狂轰滥炸中,一批又一批无辜的孩童被敌机炸死或葬身火海。大屠杀中,更有无数青少年死于日军屠刀下,而花季少女更遭受了令人发指的苦难和折磨。为了逝者的尊严和青少年们的身心健康,有些过于血腥残忍的历史资料和图片,我们都进行了适当的删除和整理。死者往矣,留在我们脑海的却是耻辱与愤怒的烙印!

## 城破惊梦:当魔鬼降临的时候

对于青少年儿童而言,1937 年深冬的南京,注定要成为一个终生无法摆脱的梦魇。许多青少年在街道上,或者在家中,无缘无故地成为了日军的屠杀对象。他们用枪刺、刀砍等种种残忍的手段虐待并杀害这些可怜的孩子们,而对那些女孩子来说,所受屈辱与折磨更是难以描述。同时,田伯烈曾记载了多起婴儿惨遭杀害的事件。他气愤地说,日本兵看见了任何妇女就公然加以奸污,反抗者立遭戳杀或枪毙。不愿被强奸的妇女,或在身旁麻烦的孩子,日本兵都"饷以"刺刀的滋味。一个日本兵强奸一个女人时,四五个月的婴孩啼哭不止,那日本兵便把婴孩活活闷死……除此之外,还有大量儿童被拐卖而失踪。据林娜在《血泪话金陵》[1]中记载,日本人抢夺中国的少年儿童,在南京所知道的有两种:一种是用武力抢去,一种则漂亮一点,他们先到你家里去,看见你的儿子后,就当场表示他很爱他,很想把他要去当儿子。第二次说他想拿出几百元来买,你当然不敢要,说如果他要就送他。

---

① 林娜《血泪话金陵》,第 146 页。

于是他表示谢意,带着走了,说是要给他进日本小学,认得几个字。第三次来,他会通知你说,你的儿子已经送走了。从此就再无下落!

在下面的故事中,我们分别选取了当日军破城时期的3个悲惨事例。有的孩子还是婴儿,可因为躲避日军搜捕,被亲生母亲闷死;有的孩子则被日军活活摔死;而"一个中国少年和两个日本兵"之间的故事更是引发人们长久的深思。是什么东西让这些普通的日本士兵,在面对中国孩子的时候,都变成了魔鬼?

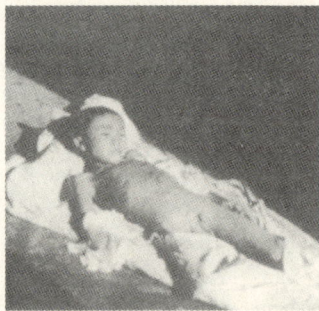

图为被刺伤而死的中国7岁男童。采自1938年7月国民政府军事委员会政治部编印的《日寇暴行实录》。日军杀人不需理由,或仅为取乐,大批无辜孩子无端死于日军屠刀下。麦卡伦1938年1月7日的信件中指出:"所有年龄的男性、女性、儿童以不足取的理由或没有明确的理由遭到枪杀、刺死。我们看到他们几百人一群被迫向前走,不一会儿被机关枪扫射而亡。"(其中有几件是在美国人的设施内进行的)[美国国务院文件]

## ●求生存无奈生别离　亲娘亲淹死亲骨肉

我母亲没有办法,只好忍心把我妹妹甩到塘里淹死了!

——翟厚知证言

在这世界上,还有什么比亲手杀死自己的亲骨肉更残忍的事情吗?也许,你会觉得,发生这种事情是匪夷所思的。但是,这就发生在了我们家里。那是1937年,我13岁。腊月初的一天早晨,我和葛朝金等3人早起拾粪。大约8点钟左右,从南京城里外出清剿的日本兵就闯进村来,见人就杀,见东西就抢。我们几个人远远地看见了日本兵的黄军装,就躲在村口的小树林里,不敢出来。我们眼看着日本兵大摇大摆地开进了村子。我的心里一沉,想,这下可完了,家里人要遭殃了。我想冲进村去救人,被他们给按住了。大家都说,现在冲进去,也救不了人,反而白送了一条性命。我们听着风中刺耳的枪声,全都默默地趴在草堆里,眼泪浸透了我们的衣衫。我们都知道,遇上了小鬼子,可能我们再也见不到我们的亲人了!

我们一直呆在树林里,直到一天后,这群日本兵离开。我们看到村里起了火,全村只剩下几间瓦房,几乎每家每户都遭了灾,都有被日本兵打死或抢走的人。我回到了家里,看见母亲一个人坐在地上,衣衫凌乱,一会儿笑,一会儿哭,眼睛完全呆住了,仿佛已经不认识我了。我问她话,问她爷爷、父亲和妹妹到哪里去了,她只是不回答,再问就只是用头撞地,撞的满脸都是血。后来,我问了一个邻居才知道,日本兵闯进我们家,抢走了我们的牲畜和粮食。我爷爷和父亲不让。父亲大着胆子说:"我们只有这点粮食,你都拿走了,我们一家人就要饿死了。"那个日本兵大怒,就把父亲推到了粪池里。爷爷一看,急忙上前救人,另一个日本兵也一脚把他蹬入粪池。父亲和爷爷在粪池里挣扎着,嘴里"啊啊"地大叫着,很痛苦。可是,日本兵却哈哈大笑,还拍着手唱歌。就这样,我的父亲和爷爷就这样活活淹死在粪池里了。可是,这还不算是最惨的。我的小妹妹,更是可怜!当父亲和爷爷在前门应对日本兵的时候,母亲抱着生病的小妹妹,从后门跑了出来。她们东藏西躲,就跟着村里的其他人家一起跑。他们藏在了村后的一片芦苇荡里。妹妹生病了,又受了惊吓,只哭个不停,因为小孩子哭,让日本兵知道就不得了,所以大家都不愿意我母亲跟他们在一起,可又不好说,只是看着母亲。要知道,万一鬼子发现了,这荡子里的几十个乡亲们都要遭殃。我母亲没有办法,只好忍心把妹妹甩到塘里淹死了! 她

1938 年 3 月 17 日,南京太平洋大饭店之侧,日军抢劫儿童。正如罗伯特·卡帕所言:"照相机本身并不能阻止战争,但照相机拍出的照片可以揭露战争,阻止战争的发展。"让我们记住照片里这些战争中的孩子吧!

屠刀下的花季

眼睁睁地看着自己的亲骨肉在池塘里挣扎了几下，就像一个气泡一样沉了下去，连哭声也没有了！只有那只可怜无助小手，还在水面上摇晃了一下，仿佛是向母亲求救的样子！母亲咬着自己的手，一直把手都咬烂了，鲜血流满了她的双颊。她忍着不哭，眼泪在眼眶里打转转。后来，日本兵走了，母亲才到水塘里捞起妹妹的尸体，回到家，神志就有点不清楚了。一会儿哭，一会儿又笑，手还轻轻拍打着妹妹。她大概还以为妹妹只是睡着了呢！

太悲惨了，这真是没有法子的事！可却发生在了我们家。许多年了，我一直不能忘记这一幕悲惨的事情。

（改编自《南京大屠杀史料集》，瞿厚知证言）

图为抗日时期的宣传画，文字为"是谁杀了我们的孩子？"李可染画。

● 夜逢兵灾误躲暗洞　五龄童活活被摔死

深夜，漆黑无比；寒风，凄惨呜咽。南京雨花台西洋巷，是南京的贫民区，并没有多少人家。孙育才一家人，早早地就熄灭了灯，关好了门窗。孙育才的父亲是个老牛倌，生性憨厚老实，替人家放着十几头牛糊口。院子里，老孙头先在牛棚栓好了牛，又检查了一番，这才放心地蹲在了院里的一个青色大石碾上。他忧虑地咬着一个烟袋锅子，咳嗽了两声，自言自语地说："这个乱世道，什么时候才能太平呀！"正说着，孙育才的母亲急忙走过来，轻轻地从老汉嘴里拔出了烟袋，压低声音说："你不睡觉，在这里发什么大神！要是被人看到了火光，这可怎么办！"孙老汉把烟袋抢过来，发着牢骚说："就是你们藏在了山洞里，日本军要想找，还找不到了？

图为漫画"敌人是这样杀害我们的"，作者张乐平。

就咱们这个穷家,日本军大概还看不上呢!"

正说着,突然巷子东头传来了零乱的脚步声,听来人不在少数,还夹杂着枪声和喊杀声。这一下,孙老汉夫妻慌了神,急忙从门缝望去,正和一个敲门的手碰了一个正着。"开门!快开门!"这沙哑而凶悍的嗓子,回荡在初冬的寒夜里,显得格外刺耳。两个人呆住了,过了好久才反应过来。孙育才的母亲小声说:"好像不是日本人!"这时,老孙头才忙不迭地打开门,一看,门外挤了一大群中央军!在火把的映衬下,他们都面带疲惫,不少人脸上和身上还有伤。其中,一个领头的军官急切地说:"老乡,能给我们碗水喝吗?都打了一夜了。"

这时候,孙育才和他的姐姐、妹妹,还有5岁的弟弟都醒了。孙育才仗着胆子走出来,却被父母又呵斥了进去。他躲在门口,在门缝里看到父母给这些士兵们倒水,听到父亲问那个军官战况,虽然听不很清楚,但是孙育才还是陆陆续续地听到"都打散了"、"鬼子见人就杀"、"这里不能呆了"等等词句。他的心不禁沉了下来。孙育才是个十四五岁的半大小子,长得虎头虎脑的,虽然年龄不大,但是穷人的孩子早当家。他也早早地学会了照顾弟弟妹妹,帮助父亲放牛。听到那些中央军的话,孙育才心里暗暗想着,难道传说中的日本军就要来了?

正在乱想着,父母却冲了进来,忙不迭地催促孩子们穿好衣服,收拾要带的东西。育才的妹妹,还没有睡醒,就惺忪地睁着睡眼问妈妈:"咱这是去哪里呀?黑灯瞎火的。"父亲不耐烦地说:"日本军来了!再不跑,咱

这位11岁的小女孩,父母被日军杀害,自己也被刺伤。(马吉拍摄的电影胶片)

南京沦陷期间,孩子们的尸体随处可见。据刘世海证言:"民国二十六年十二月,在其向芜湖方向逃亡的时候,一路上看到许多尸体横陈,一根电线杆上倒挂着七八具尸体,都用铁丝穿着锁骨连在一起,有男有女,还有小孩。再往前走,死者更多。"

屠刀下的花季

们全得让人家宰了!"妹妹害怕了。赶紧起来收拾,母亲弄好包袱后,还没忘记给姐姐、妹妹还有自己的脸上涂了很多锅底灰。关于日本军好色的消息,她们可是听到的太多了。

收拾完毕,院子里的中央军也走干净了,可巷子里也乱了套,各家各户都行动起来了。父亲留恋地看了一眼那个破旧的小院子,狠狠心,把门锁上,带着一家人,迎着北风走去。

走呀,走呀,仿佛走了很久,孙育才昏昏沉沉地,突然觉得眼前一亮,出现了一个大院子,看样子像个大户人家,父亲领着一家人,来到后院的骡马房。怎么来这里?孙育才正纳闷,父亲一伸手拉开了堆满稻草的地下的一扇暗门,原来,这里还藏着一个暗洞!孙育才曾给这家人干过活,无意间知道这个地洞。这家的主人,也是为了躲避日本鬼子,才修了这个地洞。孙育才刚要下去,突然,洞里有人悄悄地说,你们有多少人呀,人太多了,我们装不下。不多,就几个,父亲也悄悄回答,忙不迭地将一家人带了进去。进去以后,孙育才发现,里面黑压压的,可是有不少人,最少也有20多人。大家都不再说话,只是借着微弱的星光,互相打着手势。孙育才的父亲又把地洞口盖好,并做了细心的伪装。孙育才想,这下可好了,终于安全了!

谁曾想,这个地洞,竟然成了杀人的鬼洞!原来,经过一夜的煎熬,正当人们就要放松警惕的时候,地面上传来了低沉的脚步声!还有叽里咕噜的日本话。孙育才暗叫不好,怎么日本人找到了这里?正想着,地洞口被打开了,初冬略带寒意的阳光射了进来。日本人不敢进来,只是让一个翻译官喊话,让大家上来,大家没有一个吭声的。时间不长,洞口飘来了烧柴火的呛人的烟火味道。"我出来了!"一个穿得很体面的年轻人,首先忍不住,举起手走了出来。谁知道,刚到洞口,洞里的人就听见"妈呀"一声,年轻人就不见动静了。一会儿,又有人忍不住跑了出去,可都是有去无回!眼看着洞里的人越来越少,上去是死,不上去就要被活活呛死,这可怎么办?这时候,孙老汉大声对孙育才和家人说:"赶快上去,不上去会被活活呛死的。"于是大家哭着爬了上来。这次,日军不在洞口杀人,而是叫大家排着队出去,再用刺刀一个一个刺死!

所有的人都被日军的残暴惊呆了。孙育才5岁的弟弟吓得大哭,却被一个日本兵拎过去摔在地上,像摔一只萝卜一样,活活地摔死了!孙育才的父亲一看,扑过来要救儿子,头部、肩膀被戳,躺倒在地,顿时成了一个血人。孙育才姐姐肋下挨了一刀,妹妹也肩头被砍,而孙育才看到家人都被刺倒在地下,也吓得倒了下去,才幸免一死。孙的母亲以为家里人都死了,就往家里跑。她拼命地跑，嘴里还大声地"啊啊"喊着，显然神志已经不太清楚了，一个高个子日军狞笑地追去。在初冬早上毛茸茸的阳光下，孙育才的视线渐渐模糊了，他仿佛看见，母亲化作了一只惊惶的蓝色飞鸟，正在奋力向远方飞去，她的速度很快，好像很快就可以与蓝天融为一体，然而，她的身后，却"倏"地闪过了一片雪白刺目的刀锋，与一声野蛮的嚎叫……

## ●生死一线间：一个中国少年与两个日本兵

北风呼啸，南京城的上空阴云密布，整个城市却死一般的寂静，只有远处冒出的滚滚黑烟，不时传来的仓惶的野狗叫声，尖利的呼喝声，好像在提醒人们注意，这是一个刚刚遭受兵灾的城市。17岁的少年龚玉昆，瑟瑟发抖地偎在一座工厂的门口。他瘦瘦的身材，留着平头，扁平脸，两个圆圆的眼睛还带着少年的羞涩和稚气。厂房空空荡荡，完全没有了往常的热闹场面，只有偶尔几只麻雀光临，在漫不经心地寻找着地上残留的粮食。厂门前挂着一块木牌子，上面写着"扬子面粉厂"几个字。牌子在寒风中飘来荡去，好似一个受着苦的游魂，不断击打在水泥门口上，发出刺耳的"咣咣"声，彷佛让人怀疑，这不是人间，而是一个孤寂的坟场。

面粉厂的人都跑得差不多了，龚玉昆却没有跑。他是个孤儿，平时就为面粉厂看大门，现在大家都跑了，包括厂里的老板和他的一家人。他的老板是一个胖胖的商人。老板临走的时候，忧心忡忡地握着他的手说："你还是个孩子，日本人不会注意你的。你就

图为南京大屠杀中女孩子左肩膀被炸断，全家被炸死。

在南京大屠杀中，不仅许多少年儿童被日军残暴杀害，还有很多则变成了战争孤儿。更有甚者，为了在屠杀下求得大部分人的生存，有时候，大人们却被迫放弃自己的亲生骨肉！这是怎样的人间惨剧！

给我继续看门吧。只注意着那些拾荒的人就行了，碰到强横的人，不要和他硬碰硬，遇到日本人，更不要顶嘴！日本人来了，闹一阵子，也就太平了。等到太平了，我还会回来，到时候，我加倍给你发薪水。"说完，老板把缠在腰上的金条又紧了一紧，苦笑着拍了龚玉昆的脑袋一下，匆忙地加入了逃难的大军。后来，龚玉昆再也没有见过老板，也再没有等来那些诱人的薪水。面粉厂被日本人抢劫一空，龚玉昆也被迫离开面粉厂，躲进了安全区。听说，老板死在了下关，是被日本人的机枪扫射而死的，他临死的时候，还紧紧地捂着那件宽大的棉袍，捂着那些从此不再属于他的金条。

图为《兽行》选自《抗战漫画》1938创刊号 张仃画。

　　说实话，大家刚刚撤走的时候，龚玉昆并没有感到害怕，相反，他甚至感到了一些异样的自由。是呵，平时那些训斥他的人不见了，偌大的厂房，只剩下他一个人在任意的嬉戏、游荡。有的时候，他甚至忍不住想唱出一首歌。他不相信日本人会拿他怎么样的。他只不过是一个看大门的少年，又不是士兵，日本人会对他怎样？

　　然而，几天后，龚玉昆最终证明了自己想法还是非常天真幼稚的。那是一个中午，龚玉昆正在面粉厂的门房里睡觉。突然，门口传来了几声枪响，接着是一声凄厉的狗叫。龚玉昆为了看大门，平时养了一只名叫来旺的黄狗。那声音就是来旺的声音。龚玉昆奔跑出去，眼见着几个身穿土黄色军装的日本人正在剥来旺的皮。他们都个子矮壮，带着长枪，枪上的刺刀在初冬的阳光下格外耀眼。他们一面熟练地剥着狗皮，一面兴高采烈地唱着不知什么调子的歌！原来，日本人真的来了！龚玉昆看到日本人后，感觉心跳得厉害，脚步也放慢了许多。到后来，他简直定在原地，远远地望着日本人，再也不敢近前半步。来旺的鲜血喷溅在了那些日本兵的身上，他们却丝毫不在意。龚玉昆这才注意到，他们的军靴和绑腿上都沾满了血迹，很明显，那些血迹不是来旺的！

龚玉昆胡思乱想着，心里感到非常害怕，就想转回头躲起来。谁知道，这个时候，一个黑胖的日本兵发现了龚玉昆，大声地呵斥起来。龚玉昆害怕极了，刚想走，却听见了那个日本兵拉枪栓的声音。他不敢动了，他知道，如果他再乱跑的话，真的会被打死的！这个时候，那个日本兵已经急步走了过来，用枪托狠狠地打了他的背一下，他一个趔趄跌倒在地上，嘴里咸咸的，泛着一种怪怪的味道。龚玉昆感到，他的眼泪似乎马上就要流下来了。现在，他似乎又有些后悔了。早知道这些日本兵这么坏，还不如和大家一起逃走呢。日本兵会不会杀了自己呢？龚玉昆想到了来旺，眼泪就再也忍不住了。来旺是一条多么好的狗呀！从来不会乱咬人。可是，现在它马上就要变成这些日本人肚子里的食物了！

看到龚玉昆跌倒在地上，害怕地哭了，那个黑胖的日本兵突然高兴地大笑起来。他突然用十分生硬的中国话问龚玉昆："小孩，这个工厂里，你一个人吗？"龚玉昆愣了，原来这个日本兵会讲中国话。他结结巴巴地说，对呀，就我一个人，都跑、跑光了。日本兵十分满意龚玉昆的态度，伸手把他拉了起来，并对身后的一个日本兵嘀咕了几句话。那个日本兵转身就走了。不一会儿，他叫来了好几辆大卡车，从卡车上跳下来更多的日本兵。这些日本人一直把车引导到厂房内，便开始寻找存粮，运完了粮食后，他们又开始搬运厂房的机器。到后来，连厂房的玻璃和家具，也都搬运走了。龚玉昆很想对那个黑胖的日本兵说一声，这是老板的东西，如果丢了，老板要打他的。可是，他看到日本人阴沉的脸，只好作罢。

搬完了东西，光秃秃的厂房，在寒风更显得寒碜了。这个时候，那个黑胖的日本兵又走过来，摸了他的头一下说，我原来在日本，是贩卖布匹的商人，经常和中国人打交道的。所以，中国话，也是可以说一点的。说完，他又凝视了龚玉昆一下，似乎是自言自语地说，我也有一个儿子，今年和你差不多大吧。龚玉昆愣愣地看着这一切，似乎还不太明白，这个日本兵的态度，为什么变化这么快。这个时候，日本兵突然凑到他的近前，神秘地说，中国小孩，你想不想看戏？龚玉昆不知所以地"嗯"了一声。黑胖日本兵呵呵笑了两声，又说，小孩，你就躲在面粉厂的楼上吧，可不能出声！否则你也不能安全了！你知道吗？龚玉昆急忙点头，像受到了大赦一般匆匆向厂房的楼上跑去，到了楼上，他小心地在没有玻璃的窗前露出了一双眼睛。日本人让他看什么好戏呢？该不会又是杀狗吧？

不一会儿，龚玉昆看到，远远地从面粉厂附近的三汊河走过来一队人。领头的正是一个和黑胖的日本兵一起杀来旺的人。那个日本兵的后面，用绳子串起来一溜，绑着7个国民党军的士兵。他们的军装都破旧不堪，沾满了污泥。看来他们是躲在三汊河的芦苇荡中，让日本鬼子发现了。几个日本鬼子把那7个国民党军士兵押到面粉厂门口，在刺刀的监视下，解开了他们。黑胖的日本兵说，你们的，每一个人在这里挖一个坑！有几个士兵不愿挖，被刺了好几刀，没办法也挖了起来。

看到这里，龚玉昆越发奇怪了。难道日本人要在面粉厂前面修工事？可看样子也不太像，这到底为什么呢？正想着，枪响了。龚玉昆听到枪声非常沉闷，仔细看去，这才看清楚，那个黑胖的日本兵，用长枪顶住那些中央军的后脑，一枪一个，都倒在了坑里。龚玉昆感到，脑袋有些发蒙，他似乎看到那枪口窜出一条蓝色的火光，就钻到了一个人的脑后，鲜红的血就像喷泉一样喷洒了出来。他想不明白，刚才还好好地说着中国话的黑胖日本兵，居然变成了杀人的魔鬼！

眼见着国民党军士兵们，一个个倒下去了。那些士兵倒下的时候，有的面露惊诧，有的充满愤恨，有点则怒目而视。转眼，就剩下一个国民党军了，那是一个中等身材的士兵，却全然看不出害怕，他甚至主动把脖子伸到黑胖日本士兵黑洞洞的枪口下，一言不发，眼中尽是平静与轻蔑。黑胖的日本士兵愣住了，用凶狠的眼光仔细打量了一番那个国民党军，用生硬的中国话问道："你不怕死吗？"那个国民党军说："军人战败，愧对国人，死又何妨？"听了那个国民党军的话，黑胖的日本兵想了想说，你是个勇士，我不杀你。说完，那些日本兵整理好衣服，带着血淋淋的被剥了皮的来旺走了。

那个国民党军就愣愣地跪在那些躺满尸体的坑前，好一会儿，他才转过神来，对着那些同伴的尸体放声大哭。龚玉昆看到日本人走远了，这才走下楼来，怯生生地对那个国民党军说："大哥，你别哭了，咱们把你的同伴埋了吧，你的哭声太大，日本人说不定又要回来了。"这时候，天已经渐渐黑了，鲜血的味道在空气里弥漫开来，却仿佛久久不能散去。那个国民党军止住哭声，点了点头，便和龚玉昆一起把尸体埋了。后来，龚玉昆才知道，这个国民党军士兵是三十六师的，名字叫王有道，是河南开封人，原来念过几年书。王有道在面粉厂里躲了几天，就向龚玉昆要了几件老百姓的衣服，匆匆走了。龚玉昆问他去哪里，他只是不说。龚玉昆猜想，他是找队伍去了吧。这样的人,最终还是要找日本人拼命的!

几个月后,面粉厂里,龚玉昆偷偷攒下的粮食吃光了。他只有离开面粉厂,另找出路。他开始在三汊河一带捡一点柴禾烧锅。那天,龚玉昆刚刚找到一些干柴点了起来,准备煮几个青玉米。说实话,他已经好几天没正经吃东西了,眼前饿得发花。正在这时候,远处走来了两个人。龚玉昆一看,原来是新街口开澡堂的杜文甫和徐三老板。这两个人现在可抖了起来,胳膊上戴着膏药旗的标志,手里还拿着一面膏药旗,陪着一个耀武扬威的高个日本军人,一个胖胖的翻译官。日本军人还牵着一条凶猛的大狼狗。这两个家伙,战前就不是什么好东西,现在更是投靠了日本人。龚玉昆看到这两个人,不屑地瞥了瞥嘴,继续做他的饭。谁料想,他的这个小动作,却被两个人看到了。徐老板瞪着眼说:"你这个小贼!你的干柴从哪里来的?肯定是偷我家的!"说完,他又转向日本人,低三下四地说:"三井太君,这是一个小贼!"那个日本人听到此言,凶眼圆睁,立刻放出了狼狗,那条凶恶的狼狗扑了上来,不一会儿,龚玉昆就被咬得遍体鳞伤。他不断发出惨叫,浑身像着火一样疼,耳朵里面全是杜徐二人和那日本人的狂笑。他暗暗地想,这个叫三井的日本兵可真坏!比那个黑胖的日本兵还要坏!他怎么这么不讲道理,还欺负人。看来,今天我要死在这里了!正想着,他觉得头上一阵巨痛,就昏了过去。当他再次醒来,才发现,头上被日本人用刀背砍了两刀,而日本人的大狼狗正不怀好意地盯着他,鲜红的舌头似乎要滴出血来……

# 死亡之旅:惊魂夺魄逃亡路

面对着死亡的威胁,可怜的孩子们在父母和亲人的带领下踏上了逃亡之路。他们有的向城郊流亡,有的躲在寒冷的芦苇荡中,有的则涌向燕子矶等码头,更多的则在日军的枪炮下无目的地躲藏着。下面选取的青少年故事,发生在南京屠杀后的逃亡路上,少年常志强一家 10 口人,在逃亡中让日本兵砍杀殆尽,成了孤儿。而少女杜秀英,即便顺利逃到了远离南京的马群山区,可还是摆脱不了日寇的魔爪!这些可怜的孩子,和他们的父母一起,见证了恐惧和饥饿,见证了逃亡路上生离死别的一瞬间。他们有的饿死、病死在逃亡路上,有的则被日军残杀。有的则家破人亡,逃亡路成了人生不归路,花季的岁月就这样凋零、枯萎在了此地!

## ● 转瞬至亲变新鬼　天地无情成遗孤

我一家总共 10 口人，就住在中华门附近，虽然不是什么富贵之家，但父慈子孝，家庭和睦。1937 年冬天，南京城被攻破，日本军进来了，见人就杀，见东西就抢，真是不折不扣的强盗！更可恨的是，侵略者不仅杀人如麻，而且毫无人性，连手无缚鸡之力的妇女和儿童都不放过！我们家除了我和姐姐外，都死在了日本人刀下。

那天下午，街面上乱成一团，父亲回来说，日本人正在挨家挨户地搜查，家里不能再呆了，我们就顺着江边走，看有没有可以藏身的地方。我那年 10 岁，和姐姐领着 4 个弟弟，母亲抱着才两岁的小弟弟，父亲背着一个大包袱，随着逃难的人群，一起走着。道路两旁，除了倒毙的死尸和仓皇逃命的中国人，几乎看不到什么东西。突然，有人大声喊着"日本兵来了"，我们就听见枪响，人们四处逃窜，日本兵冲了过来，他们一见中国人就用枪打和用刺刀刺，母亲也想拉着我们躲一下，谁知道日本兵一下就到了近前。那是个矮个子的日本人，端着上了刺刀的步枪，眼中全是凶光！他一刺刀刺进我母亲的胸口，我母亲手中抱的我两岁的小弟弟摔倒在地上，这时另一个日本兵用刺刀挑起他的屁股，一下子扔了很远！弟弟惨叫了一声，小小的身子下拖着一条长长的血迹！我这时扑了过去，我母亲也爬了过去。母亲平时最疼爱小弟弟了，这简直是要母亲的命！这时候，日本兵又用刺刀刺我的母亲，我母亲拼命挣扎，我和其他几个弟弟也都过来，哭叫不要刺我母亲，并一起来用手抓日本兵，用嘴咬，

图为《凶残的日军》，张乐平画。

用脚踢。我咬住那个日本兵的手,我想,我要是能咬死这个坏蛋有多好!然而,那个日本兵几下子就把我和弟弟们甩开了,然后不慌不忙地用刺刀一个个地刺过去,我的4个弟弟全都惨叫着被刺死了,没有一个逃得掉,浑身的血溅得我满头满脸都是,简直是一个血人。我看到那个日本兵很高兴的样子,好像我们全不是人,而是一群等待屠杀的猎物。我当时哭喊着:"不要刺我母亲。"就感觉身上一凉,被什么东西刺中了,很疼,就倒在地上昏了过去。

不知过了多久,我突然一下子惊醒,猛然站起来,四周全是死人。我的几个弟弟都已经死了,姐姐还有气,她身上被刺了5刀,不能说话,半天才说:"找妈妈。"妈妈躺在地上,全是血,嘴角在不停地抽搐着。我光是掉眼泪。突然听到好像是弟弟在哭,忙跑过去,在死人堆里找我的弟弟。这时候,我看到了母亲,这时母亲已不能讲话,用眼睛看着另外一个地方,我那最小的弟弟正往妈妈这里爬,我走过去将他抱过来放在妈妈身边,我妈妈将胸口解开给我弟弟喂奶,我看到我妈妈的胸口还在流血,我用小手捂住流血的伤口,可是,那伤口里的血却流个不停。突然,我妈妈头一歪,就死了,没有一句话!

我去找父亲,发现他两手拱着跪在地上,后面有刺刀刺的刺刀洞,像个雕像一般。我以为他没有死,于是上前推他。父亲倒下了,也已经死了。我哭着走过去告诉我的姐姐,说父母都已经死了。我们难过地抱成一团。我的胸膛也挨了一刀,可是,这个时候我全感不到伤口的痛了。我的嗓子火辣辣的,简直要哭出了血。昨天,我们全家人还聚在一起。可是,一转眼,家人都变成了冰冷的尸体,我就成了没有爹妈的孤儿了!

这时,前面又有打枪和喊叫的声音。姐姐让我将她拉进附近一间屋,一会儿有一个日本兵进来从死人身上搜东西。日本人走了后,我们再找弟弟,却怎么也找不到回去的路了。正在焦急的时候,我们听到旁边有一个人在哭,我走过去,原来是一个妇女,她的丈夫也被日本人杀了,当她知道我们是一样可怜后,就领我们到她家中。她丈夫原来是一个唱京剧的,她烧饭给我们吃。这位妇女很胖,我们称她为"胖妈妈"。

胖妈妈家里也不安全。那天下午,我们正在做饭,又来了3个日本兵,他们拖走胖妈妈和我姐姐,她们被日本兵强奸了。她们拼命地挣扎,可是还是被日本兵按在了地上,胖妈妈高声地骂着,又被日本兵刺了几刀。听到她们的喊叫,我非常难过,心想:"如果我那时有武器的话,就和日本兵拼了。"

日本兵走了以后,胖妈妈抱起女儿,催我们一起赶紧逃走,这样我扶着我姐姐往难民区走。后来好不容易我们到了难民区——金陵大学。当时难民所爆满,在金陵大学,日本兵在门口拖人,很多青壮年和妇女都被拖走了。我们拼命往里面挤,后来与胖妈妈走散了,我和姐姐不知道怎么办才好。后来好心人蒋氏夫妇见我们可怜,把我们带到楼上,让我们洗手,给我们打粥吃。

但是,安全区也不安全。过了几天,日本兵到大学抓俘房,日本兵叫人们到操场上集合,让男的站一边,女的站一边。然后开始认人。男的叫出来,必须有人认领,才会放人。但是,有很多的家人都站在人群的后面,看不到被叫出来的人是不是自己的家人。所以有很多男人都被日本人带走了,都被屠杀了。在难民区,妇女被强奸的事也经常看到。过了一段时间后,难民区被解散,我们家一个邻居看到我们,他在听说我们的遭遇后,便带我们回原来住的家。

回家后,我和我姐姐看到我弟弟一只鞋子,有邻居告诉我,弟弟是被活活冻死的。说着,我的邻居流下了眼泪。他难过地说:"可怜呀,才两岁的娃娃,就叫着'妈妈',在你们母亲的尸体旁边,身上还流着血,拼命地摇着母亲。他大概认为母亲只是睡着了吧。我当时正被日本人追赶着,看见了他,却没办法救他!"

(改编自《南京大屠杀史料集》,幸存者常志强口述)

山川落泪,草木含悲!残酷的战争与儿童何干!这些可怜的孩子,还没有来得及体验美好人生,就惨死在日军屠刀下。70年之后,我们看到这些照片,依然倍感沉重。让我们的孩子永远远离战火和硝烟,过上幸福和平的生活,是今天中国人的责任!

### ●少女藏身身陷虎口　郊区避难难逃魔爪

1937年冬,阳光柔和,青天高迈,远离南京的马群山区,显得格外冷清与静谧,只有山里的布谷鸟在轻声鸣叫,山涧中传来哗啦啦的水声,山狍子在野花深处打滚,带着露珠的小草在轻轻摇曳。在马群,由于群山的掩护,暂时还没有感受到战火硝烟的威胁……

正在这个时候,在草丛中露出了一个光光的脑袋,在初冬的天气,显得格外不合时宜。接着,是一个涂满泥巴和锅灰的脏脸。可是,如果你仔细看,却能在其中看到一张少女秀美但略带慌张的面容。这是怎么回事呢?原来,这个姑娘叫杜秀英,年仅12岁,她家原来住在南京城,为了躲避日本鬼子,才被迫逃亡到马群。秀英的叔叔就住在那里。为了避免引起日军的注意,漂亮的秀英愣是被母亲剃了一个光头,用白棉布裹起了刚刚发育的胸,还在脸上涂了很多脏东西。

"秀英,周围没什么事吧?你把头低下!"后面的草丛,传来了父亲低沉而焦虑的声音。说实话,杜家一家人外出逃难,他不担心两个儿子,唯独担心这个小女儿。谁不知道,那些日本鬼子,都是些穿着军装的禽兽!

"爹,我没事。"秀英悄然作答。不一会儿,一家人都缓缓地从草丛中走出来,到小溪旁打一点水喝,吃一点自带的冷馍。秀英在清澈的溪水里,看到了自己脸上肮脏的样子,不禁皱起了眉头,嘴也噘了起来。毕竟,她这个年纪的女孩子,有谁不爱美呢?母亲看到了,含着眼泪说:"闺女,再忍耐一下吧,找到你叔就好了。"秀英见母亲这个样子,急忙说:"娘,我不嫌,这样挺好的。"母亲心疼地把她搂在了怀里,娘俩谈了一会儿知心话。等了一段时间,秀英的父亲看差不多了,又悄悄地招呼全家踏上了提心吊胆的逃亡路……

经过几天艰苦的跋涉,秀英一家终于来

双亲被日军杀害,哥哥抱着弟弟流落街头。

屠刀下的花季

到了叔叔居住的马群上方桥村。叔叔看到了他们，又惊又喜，连忙问寒问暖，给他们安排食宿。叔叔家里也不富裕，秀英一家人刚住下没几天，秀英的父亲就带着两个哥哥，帮助叔叔去种田、打猎，日子过得倒也平静。

可是，好日子还没过几天。日本鬼子又侵略到了这里了！那天，秀英正在家里，帮着婶婶打水。突然，哥哥急匆匆地从外面跑了进来，一进门就风风火火地喊："快跑！日本人来了！"秀英和婶婶一听，都慌了神。婶婶还要到屋里收拾东西，却被哥哥一把抓住说："先到山里躲躲，来不及了，日本人就在村口，他们骑着东洋马，马上就到！"没有办法，秀英、婶婶和哥哥，跌跌撞撞地向山区跑去，一路上，到处都是四散奔跑的村民。身后，他们可以清晰地听到日本人的军马嘶鸣的声音，军靴扣地的声音，和贴着头皮呼啸而过的子弹声。跑了很久，他们3人躲到了一个山洞里，秀英急切地问："叔叔和爹娘他们怎么样了？"原来，当时他们正在地里干活，哥哥忧虑地说："我也不知道，估计能跑出来吧，是爹让我给你们送信的。"

在山洞里躲了一夜，第二天，3人回到了村里，简直被惊呆了。这哪里还是安详的上方桥村，这简直就是人间地狱！到处都是死人，死的牲口，血腥味令人作呕。在村口的池塘里，冰冷的水中浸泡着几十个妇女。而在村边的井口里，也堆满孩子的尸体，井边则是一些被砍下来的男人的头颅……秀英吓得一声哭了出来。后来，回到家里，也是一片狼藉，稍微值钱的东西，都被日军搜刮一空。直到天黑，秀英一家人才陆续回来了，唯独

图为抗战中镇江盲童在乞讨。

少了秀英的父亲。秀英焦急地问母亲:"娘,爹呢?"母亲流着泪说:"让日本人拉夫了!"听母亲这么说,一家人更是胆战心惊。还好,几天后,父亲终于回来了。回来后,父亲面带忧虑地说:"看来这个地方也不安全呀,咱们需要时常转移到山里。山里有大刀会和小刀会,日本人不敢来。"就这样,秀英一家人,又过起了"游击队"的生活,时常注意着到山里跑反。有一次,秀英在山里躲避的时候,还摔断了腿骨,很长时间才恢复过来。

夏天来了,又过了一段时间,日本人来村里的次数减少了,村子又渐渐恢复了平静。秀英被剃光了的头发也渐渐长了出来,秀英也慢慢地敢出门干一些活了。一天早上,天气格外的好,秀英穿了一件小花褂子,挎着篮子去村口拾柴。她哼着小调,抬眼看着青山绿水,心情格外舒畅。是呵,这都大半年了,整天过着这样的逃亡生活,哪有一天舒心日子! 她走到小溪旁,认真地洗了几把脸,露出了秀美的面庞。她简直要涌起一种冲动,要在这个早上唱一首山歌!

谁想到,正在这时候,秀英猛然听到身后传来了几声生硬的中国话:"花姑娘,你在什么的干活?"她猛地回头,这才发现,她的身后,竟然站着 3 个面露淫亵笑容的日本士兵! 她急匆匆地向村口跑,却被几个日本兵摁倒在了村口的草地上。装柴的篮子滚落到了一旁,青草在她的身下呻吟着,麻雀在她眼前悲鸣地盘旋着,天地之间,仿佛在一瞬间,只剩下了日军士兵的狞笑声和秀英的呼喊声:"娘呀,我才 12 岁呀。"可是,这丝毫不起作用,一个满脸横肉的日军士兵第一

图片为尸体掩埋队找到的大屠杀中遇难儿童的尸体。

屠刀下的花季

个向秀英压了过来,秀英感到天旋地转,惨叫一声,昏死了过去……

## 地狱烈火:留守南京的生死之间

抗战中流浪街头的小女孩

在南京大屠杀中,有的市民逃出了南京,但是,大部分市民却依然被羁留在了南京市里。在长达6个星期的地狱生涯中,他们或躲避家中,或举家来到安全区。然而,安全区也不能阻挡日军无耻而贪婪的脚步。他们经常无理闯入安全区,肆意抢劫、屠杀、抢劫。孩子们的噩梦依然没有过去。恶魔的声音就在窗外!更可怜的,还是那些家庭被毁的孩子。南京市民常常是举家被毁,所幸存者又多是孤儿寡母,家里的顶梁柱惨遭不幸以后,大多生活无着落,异常凄苦。更有很多孤儿因此流落街头,沿街乞讨,甚至因为太小无自理能力而冻馁而死。他们孤零零地游荡在这地狱般的城市里,忍受着饥饿与死亡的威胁,成为这个悲惨城市的一个个真实写照。

在下面的几个故事中,张玉英的父亲被日寇杀害,全家陷入困苦;杨余氏的7个孩子,都惨死在了防空洞里;少年姜根福一家人则躲在芦苇荡中,亲人全被杀死,只剩下他们姐弟4人相依为命。最悲惨的,还是流浪的少女雷桂英,她被诱骗入了南京的慰安所,饱受日军的摧残,直到60年后含冤去世,也没能雪此仇恨!

## ●张玉英惨丧父　母女相依为命

　　1937年12月13日中午,南京保卫战还在激烈地进行着,南京居民们都提心吊胆地呆在家里,焦急地打探着前方的消息。突然,一声巨大爆炸声划过天空,似乎要把这座城市撕裂成两半。"城破了!大家快跑啦!"张玉英刚把头探出家门,就听见路上有人在疯了一般叫喊。很快,这个叫喊就从一个声音变成了千千万万个声音。很多人跑到了街上,既有伤兵败兵,也有难民。他们叫嚷着,咒骂着,绝望地哭泣着,潮水般向下关方向涌去,而在他们身后,就是凶神恶煞一般的日本侵略者!张玉英的父亲一看这个情况,也急忙招呼着家人收拾东西,准备加入逃亡的大军。

　　然而,正在这个时候,张家的大门上,传来了枪托击打的急促的声音,以及一些叽里咕噜让人听不懂的日本话。张玉英父亲的脸都变白了。他知道,日本兵就在门外了!既然躲避不是办法,张玉英父亲只好稳了稳心神,让张玉英等4个孩子,跟随着母亲躲进了内堂,自己前去开门。门一打开,几个凶恶的日本兵,手持刀枪,直闯了进来。一个戴钢盔的日本兵,劈头给了张玉英父亲一个嘴巴,并用刺刀背击打了张玉英父亲好几下。他的嘴里全是血,可还是陪着笑脸问日本兵有什么事情。日本兵一把推开他闯了进去,两个士兵翻箱倒柜地寻找钱财,另外两个日本兵见到了张玉英的母亲,不怀好意地淫笑起来。一个日本兵笑嘻嘻地说:"花姑娘,快活快活!"张玉英母亲听懂了,吓得直向丈夫身后藏。张玉英的父亲见情势危急,就大着胆对日军说:"她不是'花姑娘',已经是几个孩子的母亲了。"并指着张玉英等4个孩子给日军看。这个时候,

图为1938年,金陵女子文理学院内的难民孤儿,他的家人全部被日军杀害。内斯特·福斯特拍摄。

屠刀下的花季

小张玉英也十分机智地把两岁的弟弟塞在母亲怀里说："妈妈，弟弟要你抱。"看到这个情形，日本兵大声吼骂："巴格牙路。"就推着张玉英父亲朝屋外走。他辩解说："我不能跟你们走，我的几个孩子还很小，要靠我养活。"凶恶的日军，那容分说，就举起刺刀向张玉英父亲刺来，张玉英父亲往后一退，被一刀刺在肩膀上，接着，日军又用枪打破了他的后脑，张玉英父亲一下子就被打死了。日军还不肯放过，用脚狠踢了两下，见父亲已不能动弹了，他们才走掉了。张玉英几个孩子，围在父亲的身边，哭成了一团。

图为被强奸后精神失常的16岁少女。陈楷《南京蒙耻记》中写道："凡我留京妇女，莫不岌岌自危，乃相率奔避于国际委员会所划定之安全区。日军罔顾国际主义，竟亦逞其兽欲，每乘黑夜，越垣入内，不择老幼，摸索强奸"。

自从张玉英的父亲死后，张家的生活变得更加艰难了。张的母亲是个目不识丁的家庭妇女，又是个小脚，寸步难行，带着张玉英弟妹4人，举目无亲，真是叫天天不应，叫地地不灵。年仅12岁的张玉英也过早地承受了生活的压力，卖过破烂，收过废纸，捡过煤渣，在最无奈的时候，她也曾沿街乞讨。好几次，她们一家都挣扎在生死边缘。每当这个时候，张玉英都会想起父亲，如果父亲还活着，那有多好呵！

## ●误躲防空洞　杨余氏七子惨死

日军侵占南京时，我有7个孩子，大的10岁，小的还不满周岁。当时，我自己领养6个，另一个女儿是交给我住在伟子街的弟弟家寄养的。1937年冬月，日军进了南京城，我从家里带着6个孩子，还有邻居家一个15岁的女孩，躲在离家不远的一个防空洞里。哪晓得躲不住，很快被日本兵发现了，他们先用机枪向防空洞里扫，后又对准防空洞火烧烟熏。等到日军走后，结果我的6个孩子，以及邻居的那个女孩，统统被杀害死了，只剩下我孤零零一个

图为大屠杀后流离失所的难童。

照片上的这个孩子，天真可爱。但是，是什么让他小小的年纪却眉头紧锁？是什么让他的目光如此悲苦？是什么让他稚嫩的小手惊恐地捂在嘴上？是看到了照相机前的陌生人？还是在寒冷无依的夜晚想起了惨死的亲人？有良知的人们，请你们看看这个衣衫褴褛的孩子，请你们看看这个挣扎在死亡和饥饿之间的战争孤儿吧！或许，就是几天前，他还躺在父母的怀里撒娇，可是，可恶的战争却把他抛入了无底的深渊！

让我们在祈祷和平时诅咒战争，诅咒所有发动战争的罪人！

人活着出来。我又急又怕，就慌忙抱了一床被子逃命，冒着黑夜寒冷，抄直路一口气跑到伟子街我弟弟家里。这里要回过头来补说的是，当我领着孩子们躲到防空洞里的时候，正好我的丈夫不在家。等到他回家后，估计我们大概躲到防空洞了，就赶忙来寻找我们，不是冤枉不凑巧，偏偏又迎头碰上了日本兵，就被日军举起军刀活活劈死了。事后我才知道，在我丈夫要来寻找我们之前，曾遇到一位老人，劝他不要冒险再找了，找也没有用，说不定已全部被杀光了。可叹我丈夫为了妻室儿女，没有听这位老人的劝阻，结果走在路上就被日军杀了。那时，我人蹲在弟弟家，心里却愁着丈夫的吉凶，实在呆不住，就又回过头来去寻找丈夫。一旦上了路，恨不得插翅飞，还是遇河过河，哪怕水深天冷，走起来一歪一滑，跌跌爬爬，冻得发僵，冷得要命。拼命跑到防空洞周围一看，连个活人影子也没有。从此我就家破人亡了，我失去了丈夫，自己的 7 个孩子，在防空洞里一下死了 6 个，其中 3 个男孩，3 个女孩，剩下一个寄养在弟弟家的女孩，不久也病死了！

## ●芦苇丛中亲人惨死　姐弟四人孤苦无依

就这样，几天之内，日军枪杀了我母亲，摔死了我弟弟，刀劈了我姐姐，又抓走了我父亲，使我家破人亡！

——姜根福证言

侵华日军进行南京大屠杀的时候，我们一家原有 8 口人，就是父、母、两个姐姐、3 个弟弟（本来我还有个大姐，因为家里太穷，早已送给了人家）。全家原来住在一条破船上，为了躲避日军，父亲带我们暂时到乡下去躲一躲。我们把船向三汊河方向划去。到了石梁柱,小船漏水了,无法继续划行,只好弃船上岸,沿圩堤向前行走。岸边虽然有十多间比较好的房屋,居民都逃走了,但这里容易被日军发现,我们也不敢住。为了隐蔽一些,父亲带着两个姐姐,母亲带着我们4个兄弟,分开躲进芦苇丛,相隔100米左右,以便照应。

在金陵大学避难的儿童

那是一个初冬夜晚,寒风呼啸,惨白的月亮挂在天边,空气中弥漫着日军放火而起的浓烟,还有无人掩埋的尸体所散发出的臭气。河边静得怕人,除了偶尔划破夜空的枪声,以及零零碎碎的野狗叫声,就是死一般的沉静。我们一家人躲在芦苇丛中,冻得瑟瑟发抖。父亲郑重地警告我们,谁都不许出声!母亲和姐姐把锅底灰抹在了脸上,大人们都说,这样弄丑了,日本人就不会在意她们了。接着,母亲又把才刚刚两岁的小弟弟抱在怀里,忐忑不安地拍着他,试图让他早一点入睡。我那年9岁,就和弟弟们挤在一起,头碰着头,脚碰着脚。我们一天都没吃饭了。二弟和三弟饿得直哭,他们对我说,哥,我饿,我想吃馒头。我按住他的嘴唇说,多忍耐一下吧,爹不让说话,我们要听爹的。

正在这个时候,河边突然响起了激烈的枪声,然后是一些日本人叽里咕噜的骂声。我们都趴在芦苇里,动也不敢动。我想,这些人找一阵,就会走了吧。现在想来,我真是太傻了。像豺狼一样的日军,怎会放过我们呢!

正在这时,因为母亲没有奶水,小弟弟饿得慌,哭着要吃奶。这时,正有十来个日军从堤上经过,顺着哭声找来。不一会儿,日军停在芦苇荡边,刺目的手电光照在我脸上,还伴随着拉枪栓的声响,他们在大声说着鬼子话。父亲知道躲不过去了，就勉强起身，嘴里连声说，来了，来了。随着"哗啦、哗啦"的声音，我听到父亲惨叫了一声，被打倒在地。接着，我们都从芦苇荡里爬了出来，眼前一阵光亮，原来是日本兵举着两个马灯。我看到领头的日本兵是一个瘦瘦的高个子，喝得醉醺醺的，嘴里说着日本话，后面跟着3个矮个子的、十分敦实的日本兵，黑憧憧的影子，模样看不很清楚。惨白的月光下，马灯刺目的灯光，还有日本兵闪亮的刺刀，让我一辈子都不能忘记！日本兵看到母亲，突然眼睛里露出凶光，却都"嗬嗬"笑了起来，他们发现了我的母亲，就拉出去要强奸。母亲抱着弟弟反抗，灭绝人性的日本兵，从母亲怀中夺过孩子，用力摔在地上。我可怜的小弟弟，哭着就断了气，鼻子和嘴里全是血，嘴却还微张着。他还饿着呀，就离开了人世！母亲哭着扑向已被摔死的小弟，日本兵从背后向母亲开了两枪，把母亲打死了。

日军走后，受伤的父亲找来一些木板和草席，把母亲和小弟弟埋在芦苇岸边。我们全家人哭呀，哭呀，简直都要哭昏了。我不明白，为什么这些日本兵要打死我的母亲和弟弟。他们并不是士兵呀！

因为找不到更安全的地方，所以我们仍在芦苇丛中躲藏。第三天，日军发现了我父亲，又将他抓走。父亲临走的时候，瞪着眼大声对我说，你现在是大人了，你要照顾姐姐和弟弟！我流着泪点头答应了。父亲从此一去就杳无音信。

又过了两天，日寇又来到芦苇丛，看见我11岁的二姐，竟要强奸她。二姐逃跑，跑到现在的河运学校附近，被日军抓住了。二姐连骂带踢与日军拼打，一个日军抽出军刀，将二姐

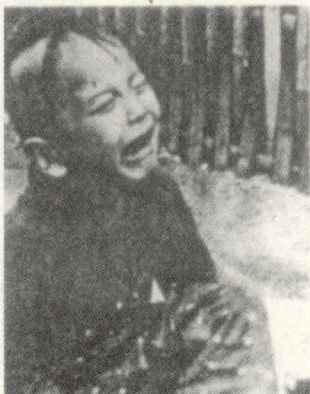

图为抗战中失去双亲的孤儿

屠刀下的花季

从头劈为两半！等到日本人走了，我悄悄地爬出芦苇丛，把二姐的尸体拢在了一起。难道这就是那个平时总是笑咪咪的、漂亮的二姐吗？难道这是给我买玩具的、和气善良的二姐吗？我简直不敢相信。我昏沉沉地把二姐背回来，我已经哭不出声来了，嗓子全哑了。比划着和三姐还有二弟、三弟一起，把二姐埋在母亲和小弟的身边。他们吓得也只是哭。我想，这样她们在一起就"团聚"了。可是，我们这些失去父母的孩子将来可怎么办呢？

就这样，几天之内，日军枪杀了我母亲，摔死了我弟弟，刀劈了我姐姐，又抓走了我父亲，使我家破人亡，姐弟 4 人失去依靠，不得温饱，过了好多年的流浪生活，常常是饥一顿饱一顿。天呐！我什么时候才能再见到我的父亲和母亲，也许，是在阴曹地府吧！

（改编自《南京大屠杀史料集》，姜根福证言）

图为雷桂英在控诉日军暴行

1937 年至 1945 年间，日军在南京长期设立的慰安所有 40 多家，至少有 1000 多名南京女同胞被逼充当了"慰安妇"。但因为屈辱的经历不堪回首，尽管半个多世纪过去了，南京的慰安妇中，至今仍鲜有人公开提及那段噩梦般的过去。

## ●孤幼女被充慰安妇　苦难人证含恨而逝

2006 年 4 月 10 日，对于南京大屠杀和中国抗战时期慰安妇的历史，都应是一个被记住的日子。在南京汤山街道一家平凡的小楼内，聚集着来自全国各地的许多媒体记者。可是，大家都在沉默着，全部注意力都集中在一位中国老年妇女身上。这位历经沧桑的老人，正红肿着眼睛，不停地抹泪，颤抖着叙述她 65 年前不堪回首的慰安妇经历。这位老人叫雷桂英，已经 78 岁高龄。在她断断续续的讲述中，人们仿佛又回到了那段不堪回首的岁月……

1937 年冬，雷桂英 9 岁。7 岁那年，父亲去世，母亲在祭坟时被人"抢"走做老婆。从此她孤苦伶仃，一直在江宁上峰村、汤山镇一带流浪，以乞讨为生。12 月 13 日下午,正在街道边捡垃圾的雷桂英,突然发现平时秩序井然的南京,变得异常慌乱。街上挤满了士兵和百姓,大家都在疯狂地向江边涌去。而城门口,却架起了机枪,试图阻止人流。不断有人试图攀援城墙,又不断有人从城墙上掉下来,被摔得半死,又被后面的人踩死……当时年幼的雷桂英并不知道,她正在见证南京城最悲惨的一段历史。

时间在流逝,转眼雷桂英到了 12 岁。有一天,是她终生不能忘记的。她一辈子也忘不了,那一天,她来到汤山高台坡的一座漂亮的房子面前。她惊讶地发现,这里面出出进进的,都是日本的士兵和军官,他们全都笑嘻嘻的,脸上带着得意的神色。凭借着直觉,雷桂英感到这里不是什么好地方。她刚想离开的时候,一个看似和善的中国女人,却热情地对她说:"小妹妹,你要干什么?"雷桂英说:"我不干什么,只是捡点东西"。那女人笑着说:"你跟我进来吧,我能让你吃饱饭。"雷桂英懵懵懂懂地就跟着她走入了这座外表漂亮的房子。她哪里知道,这座漂亮的房子,其实正是人间地狱! 她被骗进入的,正是日军设立于高台坡的慰安所,她成了一名"年龄最小的"慰安妇! 在其后的一年多里,她遭受了日军惨无人道的蹂躏,和令人发指的虐待! 也许就是长江的水,也洗不清雷桂英对日本侵略者的恨!

其实,雷桂英老人的经历,只是千名南京慰安妇其中的一个。根据专家统计,1937 年 12 月至 1945 年 8 月间,日军在南京设立了不下于 40 家慰安所,保守计算,受其所害的南京女同胞至少在千人以上。慰安妇的来源主要以强掳为主,对象是那些未来得及逃走的大中学生、难民营跑出的女子等等,受害者大概有 200 多人;1938 年以后,日本海军又在南京下关沿江一带设立了"浪速楼"等多家慰安所,主要为日本海军服务,南京浦口、苏北农村女孩以及一些船民的女儿等,被日本人以"找勤杂工"等名义骗至慰安所,检查身体没有传染病之后,便被送入所中"软禁"。1938 年前后这两个阶段,南京妇女们受到的伤害最深,其中不少不堪欺辱蹂躏被日军当场杀害。1943 年后,随着战局变化,这些慰安所开始招募慰安妇,许诺以金钱、食宿等等,将不少家穷、饥饿的女孩子骗至慰安所。和雷桂英一同遭受苦难的姊妹,有的折磨致死,有的去世,有的隐姓埋名,不肯接受采访,雷桂英也成为挺身指证南京慰安妇历史的第一个"活人证"。

雷桂英老人之所以站出来,证明南京慰安妇的存在,就是希望在有生之年,控诉当年日军的暴行,为遇难的同胞伸冤,更希望以此回击日本右翼的污蔑,促进和平。令人遗憾的是,2007 年 4 月 25 日,雷桂英老人带着遗憾,离开了这个给了她太多屈辱回忆的世界。但愿雷桂英老人在天之灵保佑,中国屈辱的慰安妇受害者能够早日讨还公道!

屠刀下的花季

# 第四章 我们绝不是待宰的羔羊！ ①

未来如何?近期的未来决不会是光明的,但中国人有一种不可征服的忍受痛苦的素质和耐力,还有许多其他的优良品德,最终必将赢得胜利。②

——乔治·费奇

如果你不抵抗 / 当敌人杀死了你 / 还会用刺刀指着你的骨头说 / 看!这就是奴隶!

——抗战诗人田间

朋友们,当我们翻看这些血淋淋的历史资料,常常震惊于日军超出常人想象的残暴。但是,面对敌人的屠刀,面对一个民族对另一个平等的民族的蹂躏、伤害、蔑视,我们绝不是待宰杀的羔羊! 许多中国现代文学的经典作品,都深刻地刻画了中国人民在这种巨大的民族生存压力下所迸发的人性的勇气、尊严和反抗。也许,在漫长的封建社会的压迫下,我们曾经麻木不仁;也许,即使在民族存亡之机,依然有着大量的无耻汉奸对敌人摇尾乞怜,但是,中华民族绝不是一个甘于沉沦的民族。面对着日军世所罕见的战争暴行,许多南京军民在震惊、恐惧后,对侵略者进行拼死抗争。赤手空拳的南京普通民众,虽无法招架手持武器的日军暴行,但许多人,并未因此而束手待毙,他们机智灵活地组织起来,运用各种方式打击敌人,他们用一腔热血向侵略者昭示国人的骨气和大义凛然的不屈精神!

## 面对死亡:为了尊严的殊死反抗

当罪恶的日军冲入南京城内,善良的南京市民震惊了,这究竟是怎样的一群人间魔鬼! 面对突如其来的屠杀,许多南京平民来不及反抗就被杀死了,但是,也有许许多多手无寸铁的南京平民,即便死神突然降临,也要

---

① 参考经盛鸿《南京沦陷八年史》。

② 参考章开沅编译,《天理难容——美国传教士眼中的南京大屠杀(1937~1938)》,第117~118页。

漫画：父亲的遗产，张乐平作品。

乌龙山反抗屠杀①。当日军在南京城北下关江边分批对中国战俘与南京百姓进行疯狂屠杀时，中国战俘与南京难民虽然手无寸铁，也集体冲向敌人的机枪与刺刀。12月13日，这些平民为躲避战火来到乌龙山，结果被日军发现而包围了整整一星期，粮食等生活用品供应全被切断。20日，日军十三师团山田支队在乌龙山山麓开始屠杀这些平民，他们动用了两个小队的机枪进行扫射时，就发生了日军意想不到的猛烈反抗。在机枪火力的弹雨下，这些无辜民众表现出惊人的反抗力，他们呐喊着扑向喷吐着火舌的机枪，似潮水般地一批一批往前冲，日军机枪很快被"愤怒"的人海所淹没，惊慌失措的日军马上残酷地向人群倾倒汽油，引火燃烧，将整个乌龙山下烧成一片火海，两万多平民全都在火海中殉难。

---

① 转引自[日]洞富雄《南京大屠杀》，中译本，上海译文出版社，1987年8月版，第71~72页。

坚决反抗！例如，卡车司机梁志成就是一个英勇的市民。1937年12月17日，日军闯进梁家，得知梁志成是司机后，便将他带回兵营，命令他将一卡车子弹运到下关。梁志成知道，下关是日军的屠场，每天都有中国百姓在那里被杀，他决不能帮助鬼子运子弹杀中国人！当一名日军用手枪逼他开车，他打掉手枪，掐住该士兵脖子。旁边的日军用枪托、马刀将梁志成打翻，一个日军恼羞成怒，对准梁志成就是几枪，梁志成昏死过去，日军以为他死了，便将他扔到路边。过了很长时间，梁志成苏醒过来，凭着最后一丝气力，爬回了家，告诉家人，一定要向日寇讨还血债！

在下面的故事中，既有挺身抗暴，用三齿镐杀死日寇的"陌生人"，也有为保护妻儿安全打死敌人的"丈夫"，面对屠刀，他们用血性维护了自己和他人的尊严！这里，我们还选择了"难民李秀英抗暴"的故事。这其实只是冰山一角。这些坚强的中国妇女，坚决地抗拒日军的侮辱，宁死不从！南京城内妇女因不堪敌之蹂躏而自杀或反抗被杀者，平均每日必数百起！

## ●三齿镐怒杀野蛮禽兽

初冬的南京街头，到处还残留着焚烧留下的废墟，炮弹炸毁的建筑，街上行人稀少，空气里弥漫着一股焦臭的味道。可是，这些事情，都不能影响进城日军的好心情，作为侵略者，作为征服者，南京在他们的眼中，就

屠刀下的花季

像是一只熟透了的烤鸭！南京的一切都是属于他们的。他们可以公然闯入任何一家进行劫掠、奸淫，可以在马路上随地大小便，没有人敢管他们的事情。他们就是这个城市的主宰！

第十军第十四师团重机枪部队士兵田所耕造，正坐在一家商店的门口，一边吃着抢来的巧克力，一边和几个来自家乡新潟的士兵商量着去哪里玩乐。

"真是没意思透了！"一个士兵抱怨说，"我这几天碰到的女人，不是老就是丑，让我一点兴致也没有了！"

"哈哈，你这个笨蛋。"另一个士兵把一件抢来的皮袍子穿在了身上，嘲笑说，"漂亮女人当然是送给长官的，再说，南京的女人听到我们来了，总会想办法化妆的，你大概是被骗了吧！"

"对呀，"那个士兵似乎是恍然大悟的样子，"我一定要再找几个试试！"

"龟田君，我看你还是小心一点好。"田所耕造警告说，"支那女人急了是要拼命的！我们联队有好几个军曹都因此受了伤！"

"哼！你是说那些支那猪！"那个叫龟田的士兵露出不屑的神色，"田所君什么时候变成了胆小鬼了？是啦，重机枪联队都是技术兵，自然不如我们这些普通陆军士兵要整天面对死亡！"

"你说什么？臭小子！"人群中有几个人气愤地站了起来。

"别这样，"田所挥手挡住了大家，"都是同乡，这是干什么？"

说完，田所又转过头，没好气地对龟田说："龟田君，支那人当然是不值得一提的。但是，如果要拼命了，总还是要防范一下的。"

"哼！"龟田又不屑地扬了扬头。龟田虽然是新兵，但作为首批攻入南京的谷寿夫第六师团里的一名士兵，他曾经在雨花台与中国装备最好、战斗力最强的教导总队战斗过。这些训练有素的士兵，都不是大日本皇军的对手，一些手无寸铁的支那妇女，又能怎样？

"田所君，我这就自己去城里找一个最漂亮的女人。"龟田傲气地对田所耕造说，"然后，我会把她送给你，作为同乡的礼物。"

说完，龟田不听众人的劝阻，独自一人拖着刀去城里找中国女人了。

等到天黑的时候，田所耕造正好去吃饭，却碰上了龟田所在联队里的几个同乡。他们焦急地问田所耕造："田所君，你看到龟田了没有？"

"龟田？"田所耕造摸不着头脑，"他没有回联队吗？"

"没有呀，"一个士兵说，"我们都以为他去找你了！"

一种不好的预感升起在了田所耕造的心头。他急忙领着几个人一起去找龟田。他们沿路打听着，找到了一片居民区。几个急躁的士兵把居民们全都集合在了一起，抽出了雪亮的军刀。

"说，你们这些猪！那个皇军的军曹在哪里？"一个胖胖的翻译官在旁边训斥着。

没有人答话，空气陡然紧张起来。

一个叫梅次的士兵突然暴怒地跳起来，砍掉了就近的一个青年男子的头颅。鲜血迸溅，死尸倒地，头颅飞起很远才停了下来。梅次平静地用一块白手帕擦干净了军刀上的血迹。

"到底在哪里？"又是一声怒吼！

"我可以告诉你他在哪里。"一位面色沉静的中年人走了出来。他面容儒雅，神态从容，戴着一副眼镜，看起来是一位有知识的人。

"但请你们放掉这些无辜的百姓。"中年人对田所耕造说。

"好吧。"田所沉吟了一下，点头同意了。

于是，中年人把日本士兵领到居民区后，一个好像防空洞的贮藏苹果的仓库。大家发现，龟田君赫然就埋在苹果堆里，只露出一个头部。有的士兵上去检查，发现是被人从背后用三齿镐干掉的。

"你说，到底是谁干的！"田所用枪指着中年人的头，眼睛似乎要喷出火来。

"我既然领你们来这里，就没打算活着。"中年人依然从容地说，眼光中射出一点轻蔑，"这个士兵跑来这里强奸我的邻居，是我杀死了他。"

"我杀了你！"中年人的话还没说完，就被身边的龟田一个联队的同伴拿战刀开了膛。

鲜血涌了出来，中年人缓缓地倒下了，但是，倒下的时候，眼里依然带着轻蔑的笑意。

田所耕造略有所思地看着那个中年人，心里想，这不过是一个普通的中国人，为什么会有这么大的勇气，杀死一个身经百战的大日本皇军士兵呢？

## ●保护妻儿　毅然杀敌

1938 年 4 月 24 日，虽然离开大规模的屠杀已经有一段时间了，可是，恐怖的记忆依然留在了人们的脑海中。金陵女子文理学院的美籍女教授魏特琳，是一个面容和气的教师，她正在安全区内热心地组织妇女们种菜。由于她的保护，许多南京妇女才免遭侮辱。突然，安全区的门口一阵骚乱。魏特琳心生警惕，难道是日本人又来捣乱了？这些天，为了防止骚扰，她甚至找来外籍的友好人士京特博士等人,帮助她在安全区内站岗。见到周围的中国妇女惊惶失措的样子,她沉声说:"大家不要慌,我去看看。"

说着,她来到安全区门口。很快,她看到了一群神色慌张的人,有男的,也有女的,还有一些孩子。他们都像惊弓之鸟一样,要求进入安全区避难。"你们有没有武器?为什么这么慌张?"魏特琳问道。众人都回答说没武器。

在检查了之后,魏特琳让妇女和孩子留了下来。为了减少麻烦,她不允许难民们私藏武器,为了最大限度地保护妇女儿童,她也不允许男子进入金陵女子文理学院的安全区,但却让人领着他们去了另外的安全区。

到了晚上吃饭时,其中的一位难民,悄悄地告诉魏特琳了一个惊心动魄的故事,原来,他们都是在家里跑出来的,而原因是一位姓何的男人。

不久前的一个晚上,一个醉醺醺的士兵来到何先生的家。这个日本兵还很年轻,他盯着何先生的妻子和女儿,不断地淫笑着说要找"姑娘"。何先生说没有,那个日本兵就目露凶光,拿出枪来威胁何先生。何先生的妻女见状都哭作一团。为了保护自己的爱人和女儿,那个何先生一咬牙,就拿顶门的杠子与日本兵搏斗了起来!那个日本兵醉了,不是何先生的对手,就被何先生杀死了,并将他掩埋在防空洞里。本来,这一切都平安无事,但附近一个孩子将消息走漏给了正在寻找这个失踪士兵的日本兵。那些日本兵去了何家,但何先生和全家都出逃了。附近的居民见状,为了不受牵连,也纷纷逃了出来,来到了安全区内。

魏特琳听到以后,十分感慨。就将此事情记录在了当天的日记里。她深情地写道:"我相信,中国一定不会亡的!"

## ●李秀英殊死抗争 九死一生成人证[①]

时间:1937 年 12 月 19 日

地点:南京五台山小学的一间地下室

"秀英!外面的情况怎样了?"黑暗的地下室传来了几声焦急的呼唤。

"日本人没来!"一个妇女坚定地回答着,在地下室通到上面的入口上,闪出一个妇女坚毅的面庞。她年纪不大,眉清目秀,大约 17 岁左右的样子,头发也和其他妇女一样,被剪得乱七八糟,脸上涂抹着黑灰,但脸上却没有

---

① 改编自李秀英证言,《侵华日军南京大屠杀史料》,江苏古籍出版社,1997 年版,第 481 页。

难民常见的惊惶无助的神色。

"大家不要怕！日本士兵要是来侮辱咱们，咱们就和他们拼命！"这个叫秀英的妇女冲着地下室里黑压压的一群妇女们说。

"对呀！和鬼子们拼了，我这里还有剪刀！"地下室里有人应和着。

她费力地扭动着身子，护着凸起的肚子，又走回了地下室。显然，她已经有了身孕。她机警地关上了地下室的门，又在几个姐妹的帮助下，在门口堆积了一些阻挡物。这时候，大家的心情才稍微放松了一点。黑暗中，这群妇女们都静悄悄地不说话，仿佛静得能够听到大家的呼吸。

突然，地下室门口传来了嘈杂的人声和武器摩擦的声音！还有激烈的撞门声！

地下室中的妇女们，有的惊惶地低声议论，有的无助地哭泣起来，而李秀英则紧紧握住了拳头。她压低了声音说："姐妹们，鬼子们来了，别忘了咱们说的话！"

正说着，门被撞开了，几束强光手电照在了妇女们身上，地下室的灯也被人拉开了。在刺目的灯光下，妇女们四散奔逃，哭喊声乱成一片，而狰狞的鬼子们则抓住她们，用绳子捆走了。妇女们有的拿出剪刀和日本兵搏斗，有的则利用各种方式奋力反抗。几个日本兵要来抓秀英，秀英奋力反抗着，抓伤了好几个人，眼看着自己就要体力不支，她把心一横，猛地撞到了墙上，顿时头破血流，鲜血满地，人也昏倒在地！日本兵惊讶地看着倒在地上的李秀英，扫兴地挥了挥手，日本兵撤走了……

过了许久，李秀英悠悠醒来，发现自己躺在地上，周围坐了一圈妇女，大家都在哭泣。

"秀英，你醒了！我们都以为你死了呢！"一个妇女高兴地说。

"我没事。"秀英摸了摸头，沉甸甸地，血流刚刚止住，有好心的人给她做了一个简单的包扎。

看到秀英醒来，大家也都散去了。只有李秀英陷入了沉思。如果下次日本兵再来，那可怎么办？还要寻死吗？突然，她的眼前一亮，她想到，自己原来跟父亲学过一点武术，现在可派上了用场！如果日本兵再来了，就巧妙地和他们周旋！如能杀一个日本鬼子，就算是死，也值得了！

没过了几天，日本人果然又来了！

像一群尝到了甜头的苍蝇，日本人这次直接就奔向了地下室。这次，地下室里还有几个男人，3个日本兵来了，他们把男人赶开，把秀英和另一个妇女带到别的屋子里，准备奸污。这时，一个日军上来解秀英的纽扣，秀英

屠刀下的花季

看到他腰间挂着一把刺刀,便急中生智,决定夺日本人的刀!秀英趁机握住刀柄,同日军拼搏。日军见状大惊,同她争夺刀柄。秀英刀不能用,就用牙咬,咬住日军不放。日军被咬痛了,哇哇直叫,隔壁屋里的两个日军听到喊声,就跑过来帮助这个日军。秀英一个人对付这3个人,没有办法,但她还是紧紧抓住刀柄不放,和这个日本兵在地上滚来滚去搏斗,其他两个日军就用刺刀向秀英身上乱戳,秀英的脸上、腿上都被戳了好几刀。最后,一个日军向她肚子刺来,秀英立即失去了知觉,什么事情也不知道了……

日军走后,秀英的父亲以为她已死了,十分伤心。他找几个邻居在五台山旁挖了泥坑,把门板拆下来做成担架,准备把她抬出去埋葬。当他们抬出门时,由于冷风刺激,秀英苏醒了过来,哼了一声。父亲听见了,知道她还活着,赶忙抬回家,又设法将秀英送进鼓楼医院抢救。第二天,秀英流产了,经医生检查,她身上被刺了30多刀,嘴唇、鼻子、眼皮都被刺破了!

# 见义勇为:凡人英雄的生命光辉

许多平凡的南京市民,面对凶残日军,不仅自己抵抗暴行,而且挺身而出,勇敢救助他人,甚至见义勇为献出自己的生命,用鲜血捍卫人性尊严!这些普通的市民,在平凡的生活中,也许是性格随和的人,甚至很少与人吵架,但是,在生死关头,他们赤手空拳地与日寇进行了殊死搏斗。下面的几个例子,有的南京市民为保护素不相识的幼女,在搏斗中被日寇刺杀;有的为了相救路过的妇女,打死了鬼子;有的则为了保护邻居的产妇不受欺凌,而举家沉塘自尽。他们的故事,或悲壮,或英勇,或惨烈,然而,他们却用自己见义勇为的行动,见证了人性的生命光辉,他们,就是中国平凡的英雄们!

## ●张标熙救幼女　勇斗日寇身亡

"救命呀! 来人呀,救救我吧!"

凄厉的呼救声,划破了宁静的下午。1938 年 10 月 7 日。南京慈悲社 7 号。一个年幼的小姑娘,瑟瑟发抖地躲在一张桌子的后面。她长得矮小细弱,看起来,最多也就只有 11 岁左右! 而几个面目狰狞的日本兵,正端着枪逼了上来。

"不要喊叫,小姑娘,咱们玩个游戏!"一个戴眼镜的日本军曹,满脸透着邪气,用生硬的中国话说,"哈哈,你要乖乖的,喊破了嗓子,也是没有用的!"

"太君,你们放了我吧。"小姑娘吓得坐在了地上,号啕大哭,一边哭,一边说,"我只是个小孩子,你们放过我吧。"

"放过你?"几个日本兵齐声狂笑起来。他们几个出来一天了,好不容易才找到一个小姑娘,又怎会轻易放弃呢?

"我是老兵!"那个戴眼镜的日本军曹,蛮横地对着其他几个日本士兵说,"我要先来,你们在旁边给我助威!"

"哈依!"其他几个日本兵点头称是,便都放下了枪,嘻嘻哈哈地倚在门框上,看着那个军曹一步一步向小姑娘逼近。反正,他们有的是时间,可以排好顺序,尽情地玩弄这个支那小姑娘。

戴眼镜的日本军曹几下就把衣服扯了下来,用一双毛茸茸的胖手,使劲蹂躏着小姑娘的脸蛋。小姑娘发出一声撕心裂肺的呼喊,晕倒在了地上……

正在这紧急关头,突然,门外传来了一声大喝:"住手!你们这些禽兽!"几个日本兵一下子都愣住了。随后,一道身影迅速闪了进来,把小姑娘扶到了桌子旁。

这时候,几个兽兵才看清楚,进来的原来是一个高个子的中国男青年。他身材魁梧,一张紫色的国字脸已经气得发红了。

这个青年用手点指几个日本兵说:"你们算什么士兵? 你们都是畜生!这只是个小孩子。你们国家难道没有小孩子吗? 你们这么做难道不怕晚上睡不着觉?"

"支那人,你是什么的干活?"几个日本兵被中国青年的气势所震慑,一时间摸不清他的底细。那个戴眼镜的军曹是懂中国话的。于是,他便问那个青年。

"我叫张标熙!"男青年大声说着,又一指昏在一边的小姑娘说:"我就是个走道的,路过这个地方,我也不认识这个小姑娘。我就是看不惯你们做这样的丧尽天良的事情!"

"八格牙鲁!"戴眼镜的军曹面露凶光,"你肯定是个残败兵!反对大日本皇军,死啦死啦地!"

"别吓唬人!"男青年说着,使劲摇醒了小姑娘,让她赶紧逃命,一边大义凛然地说,"无论是在日本,还是中国,凡事都要讲个道理!"

戴眼镜的军曹不再答话,而是拔出了军刀冲了上去。中国男青年也抢起了凳子和他搏斗。突然,"叭"的一声枪响!原来,是一个日本兵端起了三八大盖步枪,打中了男青年的胳膊。鲜血很快渗透了出来,滴滴答答地淌在了地上。

屠刀下的花季

男青年最后奋力地看了一眼身后的小姑娘,大吼一声:"你快走!"

"叔叔!"小姑娘凄惨的声音再次响起!刚才还晴朗的天空,这会儿却变得阴云密布,连老天仿佛也在叹息。就在这时,一把雪亮的刺刀毫不犹豫地刺入了张标熙的心脏……

## ●义愤群众　古城杀鬼子

时间:1938 年初

地点:南京市古城区

夜色阑珊,古城早早地遁入了宁静。由于日本人经常来村里骚扰,村民们做饭连烟火都不敢动,生怕惊动了防区的日本士兵过来捣乱。

"刘勇,你听,外面有什么声音?"父亲放下了饭碗,目光炯炯地盯住饭桌上的油灯。

"爹,什么声音?"刘勇是个 17 岁的半大男孩,听到有事情,顿时也紧张了起来。

"我好像听到有女人呼救的声音。"父亲面带忧虑。刘勇侧着耳朵听了听,好像也隐约听到路上有声音。

"我出去看看。"父亲年轻的时候会武术,胆子也要比平常人大。刘勇也要跟出去,被父亲阻拦了。父亲说:"我看看什么形势,如果不行,你就挨家挨户去叫人!"

说着,父亲提着一把锄头走了出去。不一会儿,父亲回来了,急切地说:"快叫人!是个鬼子在追一个朱巷的女人。他没带枪,你通知大家一起上,一定不能让他跑了,跑了咱们全村都要遭殃!"

刘勇飞快地到各家各户通知,不一会儿,十几个精壮的汉子都急匆匆地赶了过来。这些天,大家受够了鬼子的恶气,前些天,鬼子们还闯进村,杀了好几个人。

"大家听我说!"父亲挥了挥手说,"速战速决!决不能留活口!乡亲们,这是我们给死去的亲人们报仇的好机会!"

大家点起火把,十几个人迅速跟了出去,不一会儿,就看到官道上,那个鬼子还在纠缠朱巷的妇女。

"大家上呀!"父亲一声怒吼,大家一齐冲了上去。马上把那个妇女救了下来,抓住了鬼子。

"饶命呀!"鬼子没有了往日的威风,眼光里尽是恐惧,嘴里吐出一句中国话。

"你们这些禽兽也有今天!"父亲大叫一声,用锄头把鬼子的头打了个稀巴烂! 大家见状,欢声雷动。火红的火把,映衬着大家激动的脸庞,格外动人!

## ●傅如芬义救产妇　全家人沉塘自尽

亲爱的朋友们,你们有谁见到过红色的月亮? 如果没有,那么,我告诉你,如果你身处 1937 年 12 月的南京城,你就会看到红色的月亮。月亮为什么那么红? 因为它已经被鲜血浸泡成了红颜色! 因为,哭干眼泪的眼睛,只能看到血红的月亮,流尽鲜血的眼睛,只能看到血红血红的月亮!

1937 年 12 月。南京柏果树村。黑夜如墨。

"如芬,千万别动!"漆黑的地窖里,一声低低的声音在焦急地说。

傅如芬知道,这是父亲在警告她。她抓紧弟弟的手。紧张的汗珠顺着额头和鬓角不断淌下来,而弟弟的手却冰凉。如芬知道,年幼的弟弟很害怕。她能清楚地感到弟弟的身体在轻轻颤抖。她也很害怕。但她还是尽力稳住自己的心神,并通过自己的手,稳住弟弟的情绪。如芬清醒地知道,如果她们一家人在此刻发出了什么大的响动,被上面的日本兵听到了。全家人都将命丧于此。

上面的日本兵还在翻箱倒柜地找着,如芬能清晰地听到他们的嬉笑声和军靴扣地的声音。地窖中黑得手不见五指,又闷又暗,但趴在里面的时间长了,如芬也模模糊糊地看到了一些情形。母亲和他们蹲在一起,一动也不动,而父亲则靠在地窖门口的一侧,手里紧紧捏着一把铁锨。如芬的心头一热,她明白,父亲担心,万一被日本人发现了,他就冲上去和鬼子们拼命,而把逃命的机会留给自己和弟弟!

傅如芬一家人就这样趴在了地窖里,整整半个晚上,这才听到日本兵的脚步渐渐远去了。父亲长舒了一口气,又悄悄地说:"你们先在这里等着,我先上去看看情况! "

说着,父亲爬了上去,过了一会儿,父亲又回来了,对如芬说:"暂时没事了,如芬,你和你娘、你弟三个先别出来,我去找找,看看咱们藏的粮食还有没有了。"

如芬就和母亲还有弟弟继续蹲在地窖里,过了很长时间,父亲从上面下来,递给他们一些冷的窝窝,他们这才感觉到饥饿。一家人又聚集在地窖里,悄无声息地吃起了东西。

突然,一声凄厉的惨叫划破了夜空,中间还夹杂着男人的淫笑声和婴

屠刀下的花季

儿的啼哭声!

"是隔壁的张姐姐!"如芬放下了窝窝,紧张地对父亲说,"肯定是张姐姐遭了难了!"

"这些丧尽天良的畜生!"父亲紧紧地握着拳头,眼睛都要喷出火来了,"张家小媳妇才刚生了孩子没几天,这些禽兽居然也敢下手!"

"爹,我要去救张姐姐!"如芬想也没想,站起身就要向地窖口冲。

"你回来!"父亲急得直跺脚,"你一个姑娘家,去了有什么用? 日本人有枪!"

"妮子呀,不能去!"母亲的眼泪也流了下来,紧紧拉着如芬说,"你去了,不但救不了你张姐姐,还要把咱一家人的性命都搭上!"

"不!"如芬坚定地说,"张姐姐平时对我最好了,拿我当亲妹妹一样看。你们忘了,那年我生重病,是张姐姐借给咱钱治好的!张姐姐的丈夫不在家,咱们一定要救她!"

"可是……"父亲嗫嚅地搓着手,看样子很为难。

"你们都不用去!"如芬把父亲拦了下来,"我刚才听了,这个日本军,就是一个人! 我现在的样子像个男人,我冲出去,把他吓跑就回来。"

原来,为了安全,如芬早就剃了头,穿起了男子的衣服,不仔细看,还真以为是个男青年。

"没事的,爹!"如芬又安慰父亲,"你是家里的顶梁柱,如果你出了事,家里可怎么办? 娘的年岁也大了,弟弟还小,我不去谁去?"

说着,如芬麻利地拿起了铁锹,急切地说:"再晚就来不及了! 你们不用担心我,如果我实在不行,就出声喊你们! 反正只有一墙之隔! 你们可千万不能暴露了!"

说完,如芬飞快地蹿出了地窖,向张姐姐家跑去,到了门口,她一脚把门踹开了! 如芬赶到时恰到紧急关头! 一个醉醺醺的日本士兵正在撕扯张姐姐的衣服,而张姐姐才出生3天的孩子,被弃在地上,眼见得就哭不出声音来了!

还好,那个兵没带枪,只是带了一把刺刀,如芬把铁锹一横,尽量装着凶狠的样子说:"你这个畜生! 还不快滚!"

那个日本兵吓了一大跳,看样子酒也醒了一大半,他慌乱之中,拔出了刺刀,比比划划地,嘴里还叽里咕噜地说着日本话。但如芬看到,他的身子一点点地向外移动。显然,正像如芬猜想的,这个家伙是单独出来的,现在看见有人来了,肯定是心发虚,想逃跑了! 如芬尽力捏紧铁锹,心里却在祷告,赶快让他逃跑吧! 可千万别让他看出自己的破绽!

谁知道,恰恰在这个时候,已经被吓的昏了头的张姐姐,一边抱起孩子,一边哭着对如芬喊："如芬妹妹,你快救救我们吧!"

那个日本兵看来是懂一点中国话的。他迟疑地停下来,仔细打量了一下如芬,脸上的惊惶神色不见了,又露出了淫荡的笑容。

坏了!日本兵认出自己是女孩子了!如芬心中暗叫不好,也顾不上许多了,抬起铁锹,就朝日本兵的头上砸去。日本兵轻轻躲过了,只是拿刀一挥,就架起了铁锹,手却向如芬的胸摸去。如芬又羞又怕,急忙撤身,却被那日本兵一把抱住了。两个人激烈地缠斗起来!

正在此时,如芬突然听到了父亲的呵斥声!她手一松,感觉天旋地转,差点晕倒在地上,而那个日本兵则仓皇逃走了,连刺刀也遗落在了地上。原来,父亲还是不放心,就跟了过来,恰巧把她们都救了。于是,一家人慢慢地都爬出了地窖。张姐姐也抱着孩子走了过来,脸上是绝望的表情。原来,那个小囡囡被日本兵一丢一吓,早已经气绝身亡!如芬抱着张姐姐,大家一起痛哭流涕!

"现在怎么办?"父亲似乎在喃喃自语,"日本兵跑了,肯定会再回来报复!这可怎么办!"

"爹!"如芬声泪俱下,"是我连累了你们!"

"不!"张姐姐披头散发地哭着说,"傅叔叔,是我连累了你们一家人!"

"唉!"父亲忧伤地说,"说什么连累!远亲不如近邻,且不说咱们关系不错,如果这次我真的不救你们,我一辈子也不会心安的!"

"他爹!"母亲也哭着说,"那你说,这可怎么办?"

"快走!"父亲坚定地挥了挥手说,"你们都走,我在这里应付鬼子!"

"不!爹,我们不走!"如芬抱着父亲的胳膊,一家人又哭成了一团。

谁知,就在这个时候,村口已经响起了密如暴豆的枪声!还有嘈杂的马蹄声。原来,鬼子们已经把村子都包围了!他们已经无路可走了!

父亲有如五雷轰顶。好半天,他坚定地说:"来吧,既然咱们都活不成,就一起死吧!"

说完,父亲领着弟弟、母亲,如芬搀扶着张大姐,一起来到了屋后的池塘,父亲深情地看了如芬和弟弟一眼,凄然说:"都上路吧,留下来,只能死得更惨!你们别怨我,怨只愿咱们没生在太平岁月!"

"扑通!"父亲先跳了下去!母亲捂住弟弟的眼睛,撕心裂肺地喊着:"孩子!我对不起你!你别看!孩儿,你和妈妈一起上路吧,咱们娘俩在黄泉路上也有个伴!"

弟弟大哭,嘴里嚷着:"爹!娘!我不想死!"

屠刀下的花季

母亲紧紧搂着弟弟也跳下了池塘，这个平日安静的池塘，如芬经常和弟弟在这里玩耍，如今，却成了吞噬生命的魔鬼！慢慢地，母亲和弟弟的哭声听不到了，水面上冒出几个可怜的气泡。

如芬正在发呆，又听见哗哗的水声，原来，张姐姐也已经走到了水里。她凄婉地望着如芬说："如芬，谢谢你救了我，咱们来世还是好姐妹！"

渐渐地，张姐姐也消失在了池塘里。如芬的泪哭干了，如芬的嗓子哭出了血！在朦胧之中，她看到，有一弯红色的月亮，那么狰狞恐怖，正悄悄升起在了天边，倒映在池塘里，映衬着乌黑色的夜，更让人觉得寒冷彻骨。

如芬一头扎进池塘，水面波动了一下，又恢复了平静，那个狰狞的红月亮显得格外的显眼……

# 国仇家恨：英勇打击入侵者

南京沦陷期间，南京军民面对国仇家恨，不但勇敢抵抗日军暴行，还开动脑筋，甚至巧妙设计各种计策，打击侵略者气焰。例如"母女勇敢反抗，马拖兽兵杀敌"就是其中一个例子。据史料记载，亲历者张玉发回忆，1937年10月，他曾亲眼目睹了被迫害妇女奋而打死日军的事情。当时，他还是孩子，正在村边和几个同学玩，路边有个老太太和她女儿在赶路。这时，来了个骑马巡逻的日本兵发现了她们母女俩。这个日本兵跳下马，就要强奸那个年轻的女子！正当该日本人欲施暴时，那个老太太找了根绳，把一头拴在马身上，另一头拴在日本兵腿上。马受惊后就飞奔起来了，把这个日本兵活活拖死了！

下面三个故事，无论是孤胆杀日寇的黄先生，投毒杀敌的爱国兄弟，还是设计围歼日军的"中华奇女子"，都是南京大屠杀前后发生的，是千千万万个普通民众的自发反抗，他们的反抗打击了侵略者的气焰。南京人民不可欺，中华民族不可辱！

## ●孤胆抗暴真好汉　七进院巧杀七鬼子

我们龙潭圩里有户人家姓黄，我们都叫他黄先生。他长得精明干练，也会一点武术，在地方上很有威望。他的家中比较殷实，有300多亩田，院子也很大，有 7 个跨院，一个套一个，又深又长。但他为人比较开明而且随和，你交不出租子他也不逼你，只派管家的到你家里，问碰到了什么困难。第二年再交租子时，上年的租子就不提了。

1937 年，日本鬼子进了南京城，见人就杀，见东西就抢，见了女人就糟蹋！没想到，一天下午，有 7 个鬼子跑到黄先生家找花姑娘，一个个凶神恶煞般的样子。黄先生也不害怕，就点头说，好吧，你们和我一起进院子里找女人。鬼子听到院子里面有女人说话，就问是谁。黄先生说，那是我的妻子。太君们不能一起进去，那样大家就不能玩得尽兴。我看，你们还是一个一个来吧。几个鬼子一看，里屋的确有女人，而院子内外除了黄先生外没有别的人了，也就放松了警惕，就答应了黄先生的要求。他们哪里知道，那是黄先生的一计！

于是，鬼子们枪都放在他家大门口。一个鬼子就跟着黄先生进去了。听着那个女人的声音在第七进院子，鬼子走到第六进的时候，黄先生悄悄把门关上，用杀猪的斧头一下子把鬼子砍死了。鬼子连哼都没哼一声，就上了西天！等了一会儿，黄先生喘了一口气，又招呼第二个鬼子进来，走到第五进，他又把门关上，照样把鬼子砍死了。由于黄先生的功夫不错，那个鬼子也没有发出声音。于是，就这样，后面的鬼子都不知道前头的鬼子被杀死了。一个一个地跟着进去，都被黄先生悄无声息地砍死了，一个也没剩下！黄先生真是厉害，他知道，鬼子拿着武器，他是不能应付的，而如果剩下一个鬼子回去报告，村上人就要遭殃了。所以，他就故意让他的妻子在最里面的院子做诱饵，巧妙地杀了 7 个鬼子！（据李道福讲述改编）

## ●爱国兄弟下毒　日军多人毙命

1939 年夏天的南京，发生了一件震惊南京的大事情！两个有着爱国志向的普通南京市民，毒死了很多日本的高官！消息传出，在南京大屠杀期间备受欺凌和侮辱的南京人，都在暗自为这两兄弟叫好！而南京的伪政府和日本军事当局，却暴跳如雷，发誓要把这俩兄弟抓获归案。这到底是怎么回事呢？

原来，这俩兄弟叫詹长炳与詹长麟，都是地道的南京市民。他们的家就住在南京市吉兆营 12 号。兄弟俩做事认真，忠于职守，且他们粗通文墨，平时显得沉默寡言，并不过问世事，也没有什么明显的抵触情绪，因此，日本人就让他们在日本驻南京总领事馆担任仆役。然而，他们哪里知道，兄弟俩同样都是血性的中国人！在 1937 年底的南京大屠杀中，他们亲眼目睹了身边的亲朋好友惨死在日本人的野蛮屠杀之下，心中早就恨透了日本人！当时，他们就想和日本人拼了,可是考虑到势单力孤,所以才一直隐忍不发,谋求在日本领事馆做事,趁机寻找复仇的机会。

果然,机会来了!1939年6月10日晚,日本领事馆要举行盛大宴会,宴请日军和伪政府的高级军政人员。听到这个消息,兄弟俩摩拳擦掌,他们岂能错过这个天赐良机!于是,他们经过精心策划,先到中华路119号老万金酒店买回4瓶老陈酒,然后向酒中投入大剂量阿托品,封好口送到总领事馆。宴会前,他们在温酒时将渗入毒液的陈酒灌入日本式的温壶中。宴会前,借故离开总领事馆。宴会上,酒过一巡后,有人大叫"酒里有毒药"。全场一片惊慌,立即招人来化验,但已有多人中毒倒地。最终,通过毒药酒,他们毙、伤日伪军政头目多人,震动了南京和上海!

投毒后,他们迅速撤离,而当日寇展开全城大搜捕的时候,詹家兄弟已经逃往上海英法租界隐藏起来,后来,他们举家逃往香港。临行前,他们给日本总领事馆写了一封信,承担一切责任,并表明投毒并非出于私怨,而是因为国仇家恨!这真是"爱国兄弟勇下毒 国仇家恨岂能忘"!

## ●巧设空城计　围歼日本兵

天色渐渐黑了,吉野等3个士兵乘坐着一辆坦克车,准备到江北去。走着走着,突然,车陷入到了潮湿的土地里。中国南方的春天,真是太潮湿了,这让来自日本关西一带的这些士兵很不适应。

"喂,你们几个,下车去村子里叫几个人!"坦克车手从车里钻出来,对吉野他们喊着。

"又是我们?"吉野身边的士兵佐佐木,不满意地嘀咕着。但又不敢不去。没有办法啦,谁让他们搭乘人家的车呢。吉野向远处看了看,野外有炊烟冒了出来,不远处有一个村庄,在晚霞中显出柔和线条。他转身对佐佐木和一个年轻的新兵酒冢说:"我们跑快一点,不一会儿就能在村里找到人来帮忙啦,这样的话,我们就可以尽快赶到江北!"

"为什么不在村子里吃了饭再走?"佐佐木不怀好意地看着吉野,吉野明白,这个小子准是又动了花花念头了,准备在村子里好好"热闹"一下。

"别闹了,还要执行任务!"吉野板起脸来。其实,他何尝不想在村子里吃上一顿炒母鸡,再和一个支那姑娘"快活"一下呢,都是这个鬼任务给闹的。

说着,3个人下了坦克,垂头丧气地向通向村子的大路走去。谁知,刚走了一会儿,佐佐木突然大声说:"嗨,你们看,那里有一个支那花姑娘!"3个人一起抬头，果然，在离他们不远的地方，有一个妇女在行走。从背后看，那女子身材窈窕，很是漂亮。

佐佐木大喜，他拉着吉野和酒冢说："快跟上去，不要让她走掉了！"吉野本来不愿意耽误工作，但看到佐佐木这么热心，他也有些心动了，于是，就一起追了过去。

谁料想，他们3个向前追，那妇人不但不逃走，反而停下来等着他们，并向他们频频招手！3个士兵真是喜出望外，飞快地赶了过去。走到近前，吉野他们一看，果然是个漂亮的中国女人。那女人也不害怕，反而笑盈盈地跟他们说着话。虽然，吉野他们听不懂中国话，可看那个意思，是让他们和她一起进村子里。吉野想，反正一个女人，也弄不出什么诡计，就同意了，3个人一起兴高采烈地跟随着女人走下去。

于是，又走了一段路，他们来到了一户人家面前。那女人打开了门，带着3人进了院子。这时候，佐佐木有些迫不及待了。他连推带拉地就要把女人弄向里屋。女人摇摇头，指指佐佐木他们带的枪，摆摆手，又指指自己的脸，露出惊恐的神色。佐佐木哈哈大笑起来，他对酒冢和吉野说："那个女人害怕咱们的枪炮，让咱们放在屋外呢！"

刚说完，女人又做了一个手势，示意3个人一起进来，眼神中尽是暧昧之意。3个人的兴致更高了。连吉野这样老成持重的士兵也提起了兴趣。他们一商量，就把长枪都靠在了外屋的窗下，一起和女人进了屋。进了屋，中央有一张大床，女人麻利地先翻上了床，并放下了厚厚的帐子。3个人更高兴了，大家商量了一下，吉野的年龄最大，就让他来第一次吧。

3个人说着，帐子里面却不见了动静。酒冢过去，掀开了帐子，中国女人却不见了！只有那个大大的土炕上，有一个黑黑的地洞。

"八格牙鲁！"佐佐木咬着牙说，"咱们上当了，快走！"

3个人急匆匆地出了屋子，再看倚在窗下的3只枪，哪里还有踪影！正在仓皇的时候，突然，几声拉动枪栓的声音让他们都抬起了头。3只黑洞洞的枪口指住了他们……

（据林娜《血泪话金陵》记载）

# 战地温情：为了宝贵的生命

1937年的南京，是地狱般的景象！战火延续，而杀戮、强奸、抢劫和焚烧也在继续！在残酷的屠杀面前，许多人选择了直面屠刀，壮烈殉难；有的人则机智地躲开直接的威胁,用生命与日寇周旋、搏斗,直到最后牺牲。同时,也有着一些平凡而伟大的南京人民,则选择了在死亡的狰狞背后,默默地保护、救济其他难民,鞠躬尽瘁,死而后已。这里,我们将走入"栖霞寺寂然法师救活数万难民"以及"广东炮兵在南京市民保护下屡次逃生"的故事,为大家真实地讲述那个战火纷飞、硝烟弥漫的年代里人性的温情与善良⋯⋯

## ●高僧慈悲救万众　栖霞寺功德无量

风景秀丽的南京城,有一处著名古迹,那就是栖霞寺,距今已有 1500 余年。栖霞寺的创建,还有一段有趣的神话故事。相传,楚国大夫靳尚在楚怀王面前进献谗言,致使屈原投汨罗江自杀。靳尚死后,化作蟒蛇,盘踞栖霞山。在此期间,屡有道士欲居住此山。靳尚以其心意不诚,运用魔法,使道士非病即死,所以再也没人敢来定居。然而,自法度禅师进驻栖霞山一年多,靳尚受到感化,自愿奉献出盘踞多年的栖霞山,并请求皈依佛门。法度禅师提出靳尚只有戒杀方可皈依佛门,靳尚应允,受戒而归。从此栖霞山"群妖皆息",遂成佛门圣地。也许,是冥冥中的天意吧。1000 多年后,栖霞寺又有一些高僧,为了黎民苍生的安危,毅然于狂澜之中挺身而出,以一片赤诚之心,面对日军的屠刀,救下了数万百姓!

1937 年的南京,一片血雨腥风,万物含悲。走投无路的南京群众,纷纷云集到栖霞寺,寻求避难,最多时达到两万多人。栖霞寺也有不少出家的僧人遭了难,但是,以寂然法师为代表的僧人们,以苍生为念,不顾日军的威胁,在寺院里成立难民区,昼夜保护这些难民。当时,寂然在寺内独撑大局,身边只有 10 个小沙弥。他听说安全区可以"安全",在地上写了"安全区"三个大字,他天真地以为自此平安无事。幸运的是,他的徒弟月基 14 岁时留学日本,和管辖这片的日军指挥官是校友。于是,他们确实安静了一段日子。指挥官被换防后,噩梦开始了。日军不停地骚扰,强奸妇女,强抢财物,拉走寺院内的牲口,甚至连难民的被褥也不放过。当年一位 14 岁的女孩子,就是在庙堂里公然被强奸了。在场的难民都愤怒无比,要和日本兵拼命。寂然法师全力周旋,甚至冒着生命危险,向日本兵提出抗议。他救了不少难民,也数次身涉险境。

有一次,一个日本兵喝醉了,闯进来要花姑娘,对着楼上放枪,子弹穿过楼板,打死了躲在那里的小孩。人们义愤填膺,一齐打死了这个日本兵!这下祸闯大了。如果得不到合理解释,这两万多人就要被全部殉葬!

寂然法师

电影《栖霞寺 1937》剧照

于是，寂然法师带着精通日语的月基，到日军司令部交涉。日军司令官是一个面色阴沉的日本军人。虽然，日本也有尊重佛教的习惯，但是，这次毕竟是死了日本的士兵。所以，寂然和月基进去后，日本司令官一言不发，甚至不给寂然座位。过了许久，司令官问道："是不是这些难民里面藏有中央军的残败兵和便衣兵？"月基连忙上前，用流利的日语向司令官解释，说是那个日本兵吃醉了酒，自己摔死的。司令官的脸色缓和下来了。过了一会儿，却突然声色俱厉地说："你们不会骗我吧！"月基和寂然法师慌忙向他发誓。就这样，他们用智慧圆了这个谎，保住了两万多人的性命。

后来，寂然法师把日本人对栖霞寺的骚扰，写下了抗议书，通过丹麦工程师辛德贝格转交拉贝先生，翻译成英语递交日本大使，这件事记录在《拉贝日记》中。

寺里难民区的吃饭问题，成了一大难题。时值寒冬，如果没有吃的，这几万难民的生存就困难了。寺里一共只有供 200 个出家人过冬的粮食，一下子涌进来两万人，宿在广场上、山洞里，从每天两顿减为一顿，饭改为稀粥，依然不够。寂然先是向周围地主化缘，后来又跑到安全区、敌占区偷粮食。庙里还保护了 30 多个国民党军人，其中包括高级将领廖耀湘。躲了六七天后，廖被安全转移到江北。抗战胜利后，藏经楼里曾留下廖的手迹："凯旋还京，兴奋与旧友重临栖霞。" 1938 年，积劳成疾的寂然法师就圆寂了，死时只有 40 多岁。

寂然法师虽然离去了，但是，他慈悲为怀的心胸，救苦救难的勇气，却并没有被南京市

屠刀下的花季

栖霞寺难民所内的难民

市民所忘记。在经多方奔走之后，栖霞寺里的僧人传真，这个自幼就听师傅辉坚法师讲"寂然故事"的和尚，主动提供素材，积极参与撰写剧本，促成了《栖霞寺1937》这部电影的开拍。经过数年的奔走，电影终于完成，资料来源有逃到香港的方丈所写的《栖霞山志》，还有寺中挖出的碑记。《栖霞寺1937》2005年在北京首映，在佛教界和全国各地产生了广泛影响。

## ● 南京市民冒死掩护 广州炮兵奇迹逃生

1937年12月初，南京麒麟门。空气紧张而肃杀，城门的守军严阵以待，城外的日军虎视眈眈。南京保卫战即将爆发。

"哥哥，我在这里！"17岁的炮兵骆中洋，兴奋地冲着城墙上的一个人高声喊道。他是1936年底在广东惠州参军的。当时，他和哥哥骆奕梧被共同编入八十三军一五六师四六六旅，他当的是炮兵。淞沪战役，他们刚加入，便随着大部队撤了下来，赶到南京参加守城的战斗。由于属于不同的连队，俩兄弟一直没见面，谁想到今天却在这里遇到了。

"弟弟，你还好吗？"一个身材挺拔、神采奕奕的青年士兵从城头下来了。兄弟俩紧紧拥抱在一起。

"还好，全须全尾，全身零件都在。"骆中洋开着玩笑说，"哥哥，你还好吗？"

"好呀，"哥哥苦笑了一声说，"就是有的时候有点想你和家人。"

"我也是。"骆中洋听哥哥一说，眼圈也有点红了。

"嗨！说这些干什么？"哥哥豪爽地笑了笑，"咱们哥俩要在这南京城比一比呀，说吧，你这个炮兵准备干掉多少鬼子？"

"肯定是多多益善了！"骆中洋也转忧为喜，看着哥哥说，"那你呢，哥哥？"

"我也是，"哥哥说着，做出了瞄准的动作，"不过，我可是用我的中正步枪啦！"

兄弟俩爆发出一阵爽朗的大笑。正说着，哥哥的部队有人叫他了。骆中洋知道，就要分别了，可谁知道，兄弟俩还能否活到南京保卫战结束吗？

"要为国家战斗！"临分别时，哥哥郑重地对他行了一个军礼。俩人的眼睛都湿润了。

经过激烈的战斗，南京沦陷了，骆中洋所在的部队撤到中山门外。后来，骆中洋被俘虏了。突围过程中，骆中洋把军装脱了。这时是 13 日上午 7 时，天已经亮了。面对庞大的人群，日本兵用很多机关枪，成排架好，枪口对准中国人，并限令大家面朝枪口。

这时，很多人已意识到要被屠杀的命运，他们不想受日军屠刀之辱，有的用头撞墙，有的跳入河中自溺而死，有的会游泳，则想从河里逃生，被日军射击而死在水中！

"现在问你们要怎么死法？你们是要用机枪扫射、用步枪打，或是用汽油烧、燃烧弹

骆中洋，1920 年生于广东惠州河南岸乡。1936 年和哥哥骆奕梧一起参军，在惠州训练近一年，编入八十三军一五六师四六六旅九三一团步炮连。1937 年参加保卫汕头、淞沪会战、南京保卫战，亲历南京大屠杀。如今，70 年过去了，可是他还能回想起那些在南京的惊心动魄的日日夜夜。特别是他奇迹般几次从鬼门关上走回来，现在想来，真是不可思议。骆中洋感慨地说，如果没有南京市民的帮助，他也许根本活不到今天。[①]

———————————————

① 参考王吉陆：《寻访抗战老兵骆中洋：日军高喊"你们要怎么死法"》，南方都市报，2005 年 7 月 13 日。

屠刀下的花季

烧死呢？还是用刺刀刺死呢？"一个身材矮小的日军头目，通过翻译猖狂地叫嚣着。

人群中有的号啕大哭，有的喊冤枉，哀鸣声震天。没过多久，日军宣布用刺刀来杀人。他们从人群的前面排头，每次 10 个人，用绑腿布绑成一排，押到河边，用刺刀刺死，尸体倒在河水中。骆中洋离排头位置只有十几米，看样子很快就要绑到他了。骆中洋灵机一动，从人群的前沿很快移动到最后排列。骆中洋蹲在后面空地上，靠近居民的茅草房。

逃过这一次屠杀的骆中洋和另一个人躲在草屋里，屋外都是日本兵，不断地传来他们大头皮靴"咯噔，咯噔"的声音和"啊，诺尔"的说话声。

大约到了 14 日深夜两点，草屋里走进来两个日本兵，身上配有刺刀，但没有枪，黑夜里，他们可能把骆中洋当自己人了，走过来拉他们的棉胎没拉动，就另外抱了两床棉胎在房间的另一个角落里，蒙头睡着了。骆中洋两人觉得很不妙，只能跑了，他们从墙洞里爬出，避开日军的灯光和哨兵，沿着三汊河向上双手双脚地爬。三汊河一带的大街小巷，无数尸体倒在血泊中。河边，尸体更像山峰起伏一样成堆地排列着；河水中也漂满了尸体，随着河水的流动，汇入长江。尸体中有少数被杀得半死不活的人，在大声喊叫，这简直是人间地狱！

后来，骆中洋和同伴逃出后，来到法云寺难民所，找红卍字会要难民证，谁料到又遇险情！"我们只能发给江苏人，广东人我们不敢发。"一个南京口音的工作人员为难地说。

"请您救救我们吧，我们都是中国人呀！"骆中洋两人这下慌了神，紧跟这位工作人员。

"不行呀。"那个工作人员说着，在走的过程中，却弯下腰去，好像是从地上拾起一个难民证，悄悄说："这是你们的证件吗？"

"谢谢您！"骆中洋同伴拿到了难民证，他知道那人故意救他，鞠了一躬，就跑开了。

没拿到难民证的骆中洋心里急得乱跳，依然跟着那位工作人员，这个时候，几个荷枪实弹、上着刺刀的日本兵迎面走来！紧要关头，红卍字会的工作人员忽然又从地上拾到一张难民证给了骆中洋！还是好人多呀，骆中洋的眼泪很快流下来了。

虽然有了难民证，骆中洋已经来不及找到针线或是别针把它钉在衣服上，只好用左手将难民证压在左胸前。很快日本兵走到了骆中洋面前，看到他身上有难民证，就问红卍字会的工作人员："他是良民？"工作人员回答：

"是良民。"日本兵又说："顶好，顶好，开路开路。"就这样，骆中洋再次躲过一劫，且有了难民证。

戴上难民证，他进了法云寺难民区，在这里，也吃到了几天以来的第一顿饭。到了难民区并不意味着安全，日本兵经常来检查，查看有没有难民证，翻看身上的衣服，摸手掌上有无军人的痕迹，只要找出他觉得可疑的地方，就把人拉出去杀掉，所以难民区外，有很多零散的尸体。骆中洋是炮兵，手掌上老茧不太明显，没有被认出是士兵。倒是身上的衣服曾让他差点被杀。骆中洋突围时虽把军装脱了，却还穿着军队发的卫生衣。

一天，他碰到一个日本人，日本人看了骆的衣服后，指着他说："你是中国兵！"

骆中洋急忙说："我生病了，看到地上放着的衣服就拾起来穿，现在我不要了。"

这个日本人还算好，指指划划地跟他说："衣服，中国兵，要杀头的！"

他没杀骆，骆中洋到了没人的地方就把衣服扔了。不久，骆中洋看到穿着这样衣服的尸体。

谁料到，危险依然没有过去。因为，日军在各种检查之外，还通过"认亲"的方式要找出留在难民营中的中国士兵。他们多次从难民营里把男性青壮年强行集中起来，叫每个人分别站在很高的桌上，然后叫台下的亲属来认。如果台下有人说："他是我儿子，他是我丈夫。"就给你带回家去。如果台上的人得不到台下的亲人认领，日军就把他押到别处去集体屠杀。

骆中洋再度处于极度危险中！他是广东人，初到江苏连普通话都说不好，哪里还有亲戚？可还是轮到他站到桌上去了。那好像到了阴阳分界线，生死就在片刻之间！

然而，骆中洋是幸运的，台下两位老人站出来认领了他。一位说骆是他儿子，一位说骆是他的姨侄，骆平安走下了桌子。为了报恩，骆中洋把救他的两位老人分别认为义父和叔叔，且奉养他们的晚年。

这以后，骆中洋被日军强迫为苦力，每天驮面粉，又被强迫去清理难民的遗体。15天，他见证了日军的烧、杀、抢和强奸。让他记忆最深的，是和他一起受难的同胞，这其中，有他今后只能在"哭墙"上见到的哥哥，更多的是他不知道姓名的受难者，那一排排被刺死推倒在河水中的难民，一声声将死未死的痛苦哀嚎……

屠刀下的花季

## 敲响丧钟：侵略者的醒悟

1937 年 12 月，野兽般的日军冲进南京，对已放下武器的战俘与手无寸铁的南京市民，实施数十天的血腥大屠杀。罪行发生后，虽然日本方面尽力封锁消息，但这些骇人听闻的暴行，还是通过各种途径，不仅在中国人，而且在日本人中广为传播。日军和日本国内中的一些良心未泯的人，对其部队的暴行感到震惊、羞愧与自责，有不少日本人因此走上了反战道路，为反法西斯战争的胜利，为中日友好与和平作出巨大贡献。有些日本军人，甚至直接加入八路军和新四军，在异国他乡为和平洒下自己的鲜血！下面故事中的山口辰太郎、佐乡渥洋子，以及企图投奔新四军的日军士兵，都是在"南京大屠杀"的震撼之下，走向反对日本法西斯的道路的。

美丽的二月兰，是南京的标志性植物之一，它也象征着南京大屠杀中死去的冤魂，象征着日本民族对战争的反省。

《紫金·二月兰》(房伟)

许多年前

我在初春的季节与你相遇

那时你的身边

有着连绵如水的晚风

和轻松欢快的鸟鸣

那时你的名字叫二月兰

许多年前

我在初冬的季节与你相遇

你瘦小的身子，在冷风中欲静不止

你的小拳头，挥出最大的愤怒

你仿佛是那燃烧的紫色的精魂

用沉默记录着一个民族的悲伤

和另一个民族的忏悔

他们叫你紫金花

从 1937 年的那一刻

直到今天

1939 年春。长江岸边。海鸥飞翔，一艘打着日本旗帜的军用船只停泊在港口，从船上走下了一个 30 多岁的日本军官。他身材高瘦，面容儒雅，目光中充满了忧虑。他叫山口辰太郎，是日本"卫生材料厂"的医官。这次，他被派来南京进行为期两周的考察。

不同于普通的日本军官，山口是个中国通，他很喜欢中国的文化，也喜欢与中国人交往。这次来中国，他第一站是到的上海，并在那里拜访了他在东京帝国大学医学院的同学王长春。可是，王长春看到他，却似乎失去了原来在日本时的友谊，对他不冷不热的，这让山口心里很不舒服。山口是个很直率的人，同时也是一个非常重感情的日本人。他盯着王长春，认真而真挚地说，王君，难道说，因为我们两个国家的敌对，我也就失去了你的友谊了吗？

王长春现在上海租界的一家医院工作，也是个热血爱国的人。他听了山口的话，长叹了一口气说："山口君，不是你我的友谊改变了，而是你的国家侵入了我的国家，这已经伤害了我的情感。"

"日本是迫不得已的，"山口坚持说，"只有日本，才能真正建立东亚的繁荣，把中国从军阀割据的贫苦和混乱中解救出来！"

"你这简直是谬论！"王长春的脸都变白了，他冷笑着说，"你不要只是相信你们国内报纸的那套说辞。你也是个医生，你知道日本军队在中国杀了多少人？"

"战争总不免有伤亡的，"山口也叹了一口气，带着歉意的说，"我为我的同胞在无意中造成的中国平民的伤害表示歉意。""但是，"山口又强调说，"这并不代表日本军人在中国乱杀无辜，他们都是纪律严格，训练有素的忠勇之士！"

"好一个纪律严明！"王长春也越来越激动，他又说，"你根本不知道，而我却是亲眼看到日本士兵在上海烧杀抢掠的。我身边的很多人就是死在日本士兵的战刀之下的，而这些人根本没有得罪日本士兵，他们不过是一些普通市民，日本士兵杀他们，只是为了取乐！"

"真有这样的事情？"山口有些尴尬了。他沉默了一会儿说，"我相信你，王君，并不是每个日本军人都能约束自己的。"

"不是这样的，"王长春打断了他的话，"如果你去南京考察的话，你可以认真看看，那个曾经的中国首都现在是什么样子！根据一些难民说，那里

屠刀下的花季

整整死了几十万人！"

"怎么会这样？"山口跳了起来，"你说的不会是真的吧？"

"你自己去看，去感受吧。"说完了，王长春丢给了山口一本描写南京屠杀的《陷京三月记》，作者是一个亲历屠杀的姓蒋的军医。

毫无疑问，这本书给山口的震撼很大，他甚至开始怀疑国内那些宣传都是假的。登陆南京之后，下意识里，他又按了一下怀中的那本书，并深深地呼吸了一口江边的空气，心里暗想，南京呵，我终于又见到你了！

山口在几年前，由于一次偶然的机会来过南京。那时候，南京给他的印象是如此富饶而美丽。但是，当他再次踏上这块土地的时候，他的心凉了。他走到哪里，中国人都用仇恨而冷漠的眼神看着他，似乎在提醒他，那身黄色军装代表着侵略者的身份。中华门，他是熟悉的，他还曾在那里留影为念。可是，如今，这里已经残破不堪，城墙上累累的弹痕，在提醒着人们，这里曾经发生过怎样的惊心动魄的战斗，到了南京曾经最繁华的新街口，却只是见到寥寥几个行人，到处都是断壁残垣，到处都是乞讨的孩子，在一些废墟上，在一些荒野，还不时奔跑过几只野狗，扒出掩埋的不深的人的尸体……"怎么会是这样？"山口痛苦地想着，"难道我被骗了？"

而日本军人自己的话，也进一步印证了山口的预感。有一次，他遇到了同是来自日本石冈的同乡西尾君。西尾君在柳川平助的部下担任参谋，曾参与了攻打南京的战役。当山口询问起南京大屠杀的事情。西尾君毫不在乎地说："那有什么，是杀了很多支那人，反正支那人很多，杀也杀不完，我们哪里有那么多粮食养着那么多战俘。"

看到山口沉默不语，西尾又自豪地说"我也曾经了好几个支那战俘，都是用刀砍下的脑袋。这些杀戮是得到高级军官允许的。我们就是要震慑支那人。"

"那么强奸、抢劫和纵火呢？"山口盯着西尾，毫不客气地说，"你也都干了吗？"

西尾看到山口这样看着他，有些尴尬地嘟哝着说："又不是我一个人，大家都是这样的。"说着，他还讨好地将他抢来的一只钢笔送给山口做纪念，上面有西尾自己篆刻的"征支留念"字样。山口厌恶地拒绝了。

在南京的这些天，山口仿佛丢了魂一样，他一闭上眼，眼前就浮现出那些鲜血满面、缺腿少胳膊的中国人；一睁眼，又好像看到了王长春的那双愤怒的眼睛。然而，有一件事，让山口的心灵暂时平静下来。

一天，山口辰太郎在南京城外东郊紫金山麓的山野中，无意中看到了一片片盛开的紫色的小野花。他没想到在被日军摧残得一片凄凉的南京土地上，竟还有这些不知名的成片小紫花在顽强地生存着、生长着。这些小紫花在南京被称做"二月兰"。山口看着这些小花，眼泪流了下来。他听别人说，在紫金山，是由中国军队中装备精良的教导总队守卫的，在这里，曾经战死了数万中国军人，而攻占南京后，日军又在这里屠杀了数万战俘和平民。可以说，这里就是浩劫中的南京的一个缩影。然而，这些代表着生命的小花，尽管开在这片血雨腥风之中，却依然那么顽强、从容。这不正是象征着中国的不屈服的人民吗？

想到这里，山口悄悄地采了一些小紫花的花种。后来，山口将其带回日本家中栽培。他把对南京死难军民的追悼与忏悔，都寄托在这些不知名的小花上。

第二年春天，这些美丽的小花开了。山口对家人讲述了日军在南京的屠杀暴行，满怀歉意地说："在这每一朵小紫花的背后都隐含着一个屈死的无辜中国人的冤魂。"因为这些小紫花来自南京紫金山下浸透中国军民血液的土地，因此他给这些小紫花取名为"紫金花"。

山口辰太郎从此变成了反对日本当局侵华战争政策的正义人士。为此，他受到日本军方制裁，失去了卫生材料厂厂长职务，全家生活陷入困顿。但他没有屈服，更不反悔。他决心要让更多日本民众知道南京大屠杀暴行。他决心要让南京的紫金花开遍日本，让日本人民知道这每一朵紫金花后所隐含的历史。就在紫金花在日本第一次开花后的那年——1940年的秋天，山口采集了200粒花种分寄给他的亲朋好友，并随花种附寄上他亲自撰写的一篇短文，大意是：这是我从中国南京紫金山下带回的花种，我给它取名"紫金花"，如果你喜欢的话，就栽种在你家的庭院里吧！不仅如此，从1940年开始，山口辰太郎每年秋天都背着一袋袋伴和着泥土的紫金花花种，乘坐火车，从南到北，将它们沿途撒播到日本的广大土地上。

这个撒播行动一直持续到山口辰太郎1966年去世。山口辰太郎去世后，他的儿子山口裕先生继续着其父的事业……美丽的二月兰，不仅成了南京冤死的群众的象征，也成了日本民族中友好人士深深忏悔的象征。愿紫金花开遍天涯海角，愿中日之间永不再战！

## ●白衣天使拒绝战争　勇敢军医呼唤和平

在日本人之中，山口辰太郎并不是唯一反省战争，并身体力行进行忏

屠刀下的花季

悔行动的人。佐乡渥洋子,就是一位高风亮节的日本女性,一位高尚的日本白衣天使。

她出生于日本东京郊区一个工人家庭。她从东京医科大学毕业后,与一位日军陆军大佐结婚。八一三事变后,她和丈夫一道被驱赶到中国上海战场。仅仅两个月,她的丈夫就阵亡了,这给年轻的她以沉重的一击。更重要的是,她亲眼目睹了日本侵华战争带给中国人民的血泪苦难。1937年年底,她在上海日军医院中给日军伤兵治疗时,听到日军南京大屠杀暴行,更受到无比惊吓与震动。她越来越认识到日本侵华战争的不义与野蛮,同情受苦受难的中国人民。1939年5月,佐乡渥洋子被调派到江浦县城等地担任随军军医。

数年中,佐乡渥洋子怀着对中国军民的强烈同情心,不顾日军禁令,秘密地免费为中国老百姓治病,甚至为负伤的中国抗日军人治伤。为了治疗一些重危病人,她常常把被日伪严格控制的、当时十分稀缺珍贵的药品盘尼西林、链霉素等药品赠送给中国军民。曾任江浦县文史研究员的翟幕韩老人在当年患风湿性关节炎,经佐乡治愈。他在晚年回忆说:"佐乡渥洋子医术高明,她有与中国医生一样的职业道德,对求医者自始至终负责到底。"1941年夏,16岁的杨徐和患疥疮与痰阻,咳嗽发高烧,求医于佐乡。在她的精心护理下,两病皆愈。

1945年5月,国民党江浦县保安团在漫家庙与日军发生遭遇战,有16名官兵负伤,分散藏匿在汤泉镇村民家中。当地人士向佐乡求救。佐乡不顾危险,请求日军据点中的4名韩籍慰安妇协助设法拖住日军曹长大川,自己则出入封锁地区医治中国伤员。当日军对她查问与责罚时,她说:"我是医生,救死扶伤是我的职责,人道主义是没有民族与国家界限的。"

1945年8月15日,日本宣布无条件投降。佐乡渥洋子看到了她所憎恨的日本军国主义的彻底失败,看到中国人艰苦抗战取得了胜利,心中十分高兴。她几经考虑,决定继续留在南京,永远为中国人民服务。1945年9月9日下午,驻江浦汤泉据点的日军奉命撤回南京城,准备回国。这时,正随日军撤退的佐乡渥洋子悄悄地钻到一家中国人开设的小商店中隐匿,毅然脱离了日军部队。后来,她给原驻江浦日军特务机关长官公成写去一封信:

公成先生:

皇军战败投降是必然的,非正义战争注定要以失败告终。你们在这场侵略战争中双手沾满了中国人的鲜血,天理不容,罪大当诛。我身为一名日本军医,为你们的行径感到羞辱。我虽随军侵华,但我没有做过一件对不起中国人民的恶行。我只扮演了一个践行人道主义的角色。这里常有老百姓问我："你丈夫死在中国，你不恨中国人吗？"我这样回答了他们："我丈夫是死在东条英机手里的，是东条英机发动的侵华战争，给中国人民带来了灾难；不是中国人跑到日本的国土上把我丈夫打死的，而是我丈夫跑到中国的土地上被中国人打死；我不怨中国人，只恨东条英机，是他害得我家破人亡。"公成先生，我决定不回东京，留在中国南京。我和中国人结下了难舍难分的友谊。他们勤劳勇敢、善良朴实、不屈不挠的伟大品质深深感染了我。你们要面对现实，接受国际法庭的审判，求得中国人民的谅解与宽大。回国后，请向我的亲人们解释我在这场战争中的正确态度和立场，告诉我们日本人民，我们欠下了中国人民一笔无法偿还的血债，希望我们的国家、民族永远铭记记这血的代价和教训，为维护世界和亚洲和平作出贡献……

以后，佐乡渥洋子在江浦开业行医。于 1947 年 7 月 14 日在南京去世。许多了解佐乡的反战态度与被她救治过的南京人十分伤心。翟慕韩老人在其回忆录中写道："佐乡渥洋子在中国十年，始终尽到了医生的天职。她是日军反动营垒中的叛逆者，她是中国人民的朋友，对中国有着一份特殊的感情。"

## ●南京日军士兵集体哗变　　投奔新四军心向光明

日本的侵略战争，不仅对中国人民造成了巨大的伤害和损失，而且对于日本人民本身，也是一种戕害。侵华战争后期，驻南京的日军与日本侨民中，越来越多的人看清了日军的侵略本质与即将失败的必然命运，对日本当局的殖民统治政策进行公开抗争。

1944 年初夏，日军在各战场的战局更加不利，驻南京日军部队中的士兵反战、厌战情绪日益弥漫，自杀、逃亡、反叛事件日益增多。一天，第 3067 部队菊地支队的士兵福岛康雄、松井勇等 7 名士兵偷偷到一家酒馆饮酒，发泄不满与思乡之情，高唱樱花之歌，唱得涕泪满面，泣不成声。事后被上司查知，福岛康雄等人被关进日军的"防疫隔离班"，接受惩处与训练。在这里，福岛意外遇见一位曾被俘虏又释放回来的日军士兵。此人是在苏北扬州地区"扫荡"时被新四军俘获的。他亲眼看到新四军优待日军战俘，不打不骂，尊重人格，不搜财物，生活上给予照顾；对战死日军尸体都给予掩埋立碑。这与日军对中国军民的暴行形成鲜明对比。他将这些亲见亲历如实讲给福岛康雄等人听。这个士兵的讲述使福岛康雄等人受到极大震动，并由此萌生了秘密组织出逃投奔中国抗日军队的强烈愿望。

从"防疫隔离班"回到菊地支队，福岛康雄等人在日军士兵中开始了紧张的秘密串联活动。短短的两个多月时间中,他们共串联了18名士兵,形成一个秘密组织。先后秘密举行了5次会议,商讨研究了详细的出逃计划与办法。按照原计划,出逃人员应于5日晚21时30分在炮楼集合,但因各种原因,推迟到23时,只来了6个人。这6名日军士兵翻过兵营的围墙开始出逃。他们排成整齐的一队,行走在夜深的南京大街上,俨然是一支深夜执勤的巡逻队。在经中华门日军哨口时,他们诡称是日军金陵部队,有军事机密要事出城,骗过哨兵,得以安全离开南京城。出城后,他们向南京城东南方向句容县境内的茅山地区行进。他们知道那里是新四军的游击区。

在这6名日军士兵出逃的第二天,菊地部队发现了福岛康雄等6名士兵失踪,并发现枪支弹药丢失,感到事态严重,立即向日本"中国派遣军"总司令部报告。日军总部命令立即追捕。8月8日上午,日军第1063部队清山队在句容县境山区一户农家房子里,发现了6名出逃日军士兵正在休息做饭,立即将他们包围逮捕,送回南京。

多名日军士兵武装出逃、投奔中国抗日部队的事件极大震动了日军当局。他们既恐慌又暴怒,迅速对这些反叛士兵进行严厉惩处:福岛康雄等6名出逃士兵于8月10日被枪决;其余12名曾参加制订出逃计划但未能参与出逃行动的士兵,被判处5年徒刑。日本"中国派遣军"总司令部下令将对这18名日军士兵的判决书印发至日军各部队指挥官,以弹压士兵的反叛行动,加强对部队的控制,同时严令封锁此事外传。

但是,纸包不住火。日军18名士兵集体武装出逃、投奔中国抗日军队的消息,在日军驻南京的各部队中迅速流传,并引起震荡。1945年1月,苏北新四军第三师黄克诚部直属特务团在响(水口)涟(水)公路上进行的一次成功伏击战中,缴获了日军的许多文件,其中有一份日军军事法庭对18名日军士兵的判决书,从中知道了发生在南京日军部队中的这一重大反战事件。

## 胜利曙光:待从头　收拾旧山河

恨心终不歇,红颜无复多,
枯木期填海,青山望断河。
　　　　　——庾信《永怀》节选

国破山河在!日军的武力攻占与残酷烧杀,不能征服南京的人心。南京市民过着牛马不如的亡国奴生活，内心里时时关注着中国抗战战局的变化发展，用各种方式抵抗日伪的奴役。在下面的故事中，有宁可失业饿死，不给日伪做事的市民；有消极怠工、积极破坏日军生产的工人；有保持晚节，不给日伪当局做事的教授；有不断暴动逃跑的战俘；也有冒死保留屠杀证据的店员。他们利用各种方式反抗日伪的统治，盼望着胜利的到来！

## ●宁可失业挨饿，也绝不为日伪当局做事

对日本当局在南京先后扶植起的一个个汉奸政权，对日伪当局在南京实施的各种"以华制华"、"以战养战"、思想奴化与感情拉拢的殖民主义政策，对他们抛出的"东亚联盟"运动与"对华新政策"等等，满怀家仇国恨的南京市民采取"不合作"与"消极抵抗"态度。许多南京市民宁可失业挨饿，也绝不到伪政权中去工作。1937 年年底，当日军当局在南京拼凑扶植伪政权"南京市自治委员会"时，曾胁迫在南京安全区国际委员会中工作的罗逸民、程调元，出任伪"自治委员会"委员，企图利用他们在难民中的影响给伪政权贴金。但罗、程二人不愿做日本当局的傀儡与帮凶，毅然冒险逃离南京。日军特务机关组织日、伪宪兵警察在南京全城搜查，未能抓获。被日伪当局指定为登记难民第十分区区长的张永生，想出种种理由，向日伪当局坚辞此职。日伪当局还曾胁迫许多原南京国民政府中的警察充当伪警察，但这些人一有机会就脱掉警服，化装逃走，有一些人被日军抓回枪杀。

## ●消极怠工、积极破坏日伪生产

铁路运输对日军有重要军事意义和经济意义。南京地区的铁路主要是沪宁铁路、津浦铁路与宁芜铁路。浦镇机厂则是附属于铁路系统的大型工厂。三路一厂的工人是南京产业工人最为集中的地区与行业。日军占领期间，日本当局不仅以重兵护路，且以日本人直接控制的"华中铁道股份有限公司"对其严密管辖。但中国的工人们自发开展抗日斗争。三条铁路的工人们提出口号："磨洋工，混饭吃，不给日本人卖命。"浦镇机厂当时有中国工人10000 多人。但他们普遍消极怠工，每月只能修理两台机车和 10 节货车，且修理质量差，跑不了多久就得重新送回厂修理。该厂的工人编了个顺口溜，在全厂广泛流传："一个放哨，车底下睡觉；小便半小时，大便半个工，东摸摸，西混混，糊住鬼子磨洋工。"

屠刀下的花季

下关发电所也是要害单位,日军不仅在厂里驻兵,且调来日籍管理人员任厂长、工头,对中国员工进行监督。中国员工们牢记45个工友被日军枪杀的血泪深仇,在日军的刺刀与皮鞭下,展开了多种形式的抗争:一是消极怠工,即在上班时,以一人看管设备,其他人或睡觉,或溜上街打零工,做小生意。他们掌握了日籍人员的管理规律,等到日籍人员来巡视时,就装得一片繁忙。二是不动声色地制造人为事故,如降负荷、锅炉熄火、停机、拉闸等。三是有意多烧煤炭,不等炉膛里的煤炭燃尽,就换加新煤,消耗紧张的战略物资。1943年7月,下关发电所全体中国员工以物价高涨为由,向日籍厂长冈本一诚提出增加工资、改善工人待遇的要求,并推举章生、曹阿荣等4人为代表与日方谈判。由于工人坚持条件,不肯让步,日方恼羞成怒调来宪兵逮捕4名代表,对他们酷刑致死;又以"煽动罢工"罪,拘捕了工程师徐士英与翻译张凤苞,还在徐士英的家里搜出了重庆扬子电气公司发给45位遇难工人的抚恤金的汇款收据,就给他们加上"重庆谍报员"的罪名,并继续抓捕多名员工。发电所的员工没有停止斗争,而是采取更加隐蔽、更加巧妙的方式,使发电所的各种设备事故不断发生。日方毫无办法,只得在1943年年底又增派200多名日军到发电所,对员工监视、迫害。下关发电所中国员工的斗争一直坚持到抗战胜利。

### ●冒死保存屠城血证　壮士义举震惊世界

在日军屠城后的恐怖日子,南京市民中发生过一件冒死密藏日军屠城血证的感人

南京大屠杀期间,南京青年罗瑾利用某日本兵在其照相馆冲洗底片之机,冒着生命危险,将日军自拍的屠杀我同胞的16帧照片洗印下来,装订成册,并在封面上画了一颗人心、一把沾有血迹的刺刀和滴在地面上的血印。后该相册为其学友吴旋保存。抗战胜利后,吴旋将相册呈送南京市临时参议会并转交国防部审判战犯军事法庭,成为侵华日军南京大屠杀的铁证。该图现保存在中国第二历史档案馆。图为该相册封面及内页。

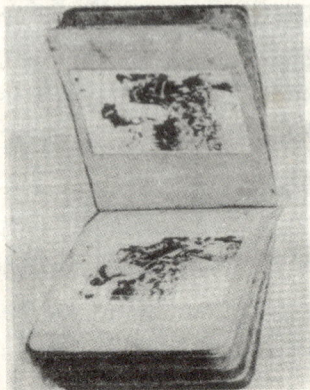

事件。1938年年初,南京刚刚恢复社会秩序。在中山东路恢复营业的"华东照相馆"里,年方16岁的小学徒罗瑾在为一个日军少尉军官冲洗两卷120"樱花牌"胶卷时,发现其中有多张是日军砍杀中国军民与奸侮中国妇女的照片。他十分激愤,就偷偷多加印了几张,作为日军屠城的罪证保存起来。后来他将这种记录日军屠城血证的照片积累到30多张。为了保存这些照片,他精心装订成一个小相片本子,挑选出16张最有典型意义的照片贴上去,并在小相片本的封面上画了一幅图:左边画了一个深红色的心脏,中间画了一把刺进心脏的利刃,滴着鲜血,右边用红色写了一个空心美术体的、正方形的"耻"字,在字下面还画了一个问号。为了悼念死难的南京同胞,他又特地将心脏、利刃、"耻:字的四周勾上黑边。他当然知道收藏这些日军照片是要冒杀头危险的,但为了将来有一天能以这些屠城血证控告日军的罪行,为被日军杀害与侮辱的千千万万同胞讨回公道,报仇雪恨,他必须这样做!他小心翼翼地将这小相片本保存了两年。

　　1940年5月,18岁的罗瑾为了谋生,考进了汪伪政府的警卫旅直属通讯队,学习电讯技术。通讯队设在南京市中心的毗卢寺的大殿内。罗瑾以为这儿较安全,就将小相片本藏在自己宿舍的床下。不料到1941年初的一天,因同在毗卢寺内培训学员的伪宪兵二团,为迎接汪精卫来训话,在检查中发现了一只来历不明的手榴弹,就在全寺进行大清查。罗瑾在紧急中将这小相片本藏到厕所的一个墙洞内。恰巧这个小相片本被罗瑾的同班同学吴连凯无意中发现了。吴连凯不知

电影《屠城血证》(1987年)剧照

屠刀下的花季

道这小相片本的来历，但他立即认识到这小相片本的特殊重要意义，就将它转藏到寺内一座佛像的底座下。罗瑾发现小相片本丢失，不知实情，为防不测，就立即在家人的帮助下，逃离南京，流亡他乡。吴连凯则将小相片本密藏到抗战胜利，才将它上交到南京军事法庭，作为审判日本战犯谷寿夫的罪证。顽固而狡猾的谷寿夫一直拒绝认罪。但是，当他看到了这本相册，也不得不低下了头。

吴连凯为纪念抗战胜利，改名吴旋。他在 1995 年抗战胜利 50 周年时才与罗瑾在南京重会。当年两个十七八岁的年轻人，这时都已是白发苍苍了。这两个普通南京人的壮举，正是在日伪 8 年统治下南京人心不死、人心不变的典型说明，也是中国人抵抗精神的写照！

### ●不屈的斗争：浦口战俘营三次暴动①

南京大屠杀期间，虽然大规模军事对抗失败了，但是，中国人零星的反抗却一直不断。林娜《血泪话金陵》中记载："1938 年，我们的便衣队，把从前埋在地底下的枪都挖出来，发动起来了。他们直打到铁道部去，但是第二天便被完全消灭了。这回死的一共是五百多人。这次暴动失败后，我们的便衣队又把藏在城里的枪械，秘密运到古林庵去，想不到被伪警看到，秘密报告日本宪兵司令部去，结果被破获了，同时有十几人被抓住在墙上活活钉死。"在这些反抗事例中，浦口战俘营的 3 次

图为漫画《全民抗战》，蔡若虹作品。暴动虽牺牲者众多，但沉重打击了日军嚣张气焰。

暴动消息传到南京与华中各地，产生了很大震动与影响。延安与重庆媒体也都作了报道，引起抗战区军民对南京等沦陷区人民的关注与思念。暴动后，浦口战俘营的日军警备部队增加了看守兵力，加强了对营区与战俘的严密警戒。日方当局还通令战俘营附近乡、村、保、甲长，协助日军对战俘营看管，如发现逃跑战俘抓捕送回者有赏，隐瞒不报者严惩。但日方的严密防范仍挡不住战俘们逃离魔窟、投奔自由的愿望与前赴后继、不畏强暴的斗争。

---

① 参考南京师范大学"侵华日军南京大屠杀"研究中心：《关于浦口战俘营战俘三次暴动的调查报告》。

暴动,尤其引人注目。

日本当局在南京浦口码头旁建立了一座大规模战俘营。战俘在日军武装监管下,从事装卸煤炭、铁矿石及军用物资的繁重工作,过着奴隶般的生活。日本侵略者对中国物资的疯狂掠夺与对中国战俘劳工的残暴管理,激起了中国战俘劳工连续多年、前赴后继的反抗。

第一次暴动发生于 1942 年 8 月 19 日。战俘们经过秘密串联,制定了在收工点名时夺取卫兵武器、冲出战俘营栅门、乘黑夜逃亡的计划。8 月 19 日傍晚,战俘们回到战俘营。日军警卫队按惯例让战俘们在操场上集合点名。在这时,有一个战俘大喊:"吃烟吃酒喂!"这是暴动计划的行动信号。战俘们听到,一齐挥舞铁锹、木杠,打死数名日军,夺得一挺机枪与数支步枪,冲出战俘营栅门,沿着一条窄狭的铁路奔跑。眼看就要冲出牢笼,不巧迎面开来一列火车,挡住了去路。战俘们只得跳进江水中,往岸上游去。日军警卫部队一齐开火,向逃亡战俘猛烈扫射,当场打死 100 多人。在追捕下,又有 100 多人在江水中淹死。最终 32 名战俘冲出日军搜捕圈并获救。而被日军抓回去的逃跑战俘被日方当局下令全部处死。

1943 年 4 月,浦口战俘营的战俘们又举行第二次暴动。这次暴动采取隐蔽行动方式。深夜,参与行动的战俘们悄悄溜出住宿棚户,来到营区边上电网前。他们用事先准备好的大木板架到电网上,然后一个接一个向外翻越。由于这次暴动事先组织欠严密,人多拥挤,响声较大,惊动了日军哨兵。日军从岗楼上打开探照灯,发现了铁丝网边拥挤的逃亡战俘,立即开机枪扫射,当场打死 50 多人。结果只有极少的几个人逃出了虎口,获得了自由。

第三次暴动发生于 1944 年 2 月。这是规模最大的一次暴动。不幸的是,临时出现了意外事件,使暴动计划出现差错,暴动人员步调不一致,在对日军袭击与肉搏时,被日军各个击破。暴动战俘当场被打死 100 多人,被抓回 100 多人。但有 100 多名战俘终于冲了出去,获得了自由。这是获救人数最多的一次战俘暴动。

浦口战俘营的战俘连续不断、前赴后继的暴动与不畏强暴、敢于斗争的民族精神,使日方当局感到震惊与恐惧。而在这时,日本在各战场上的形势日益不利,日本在南京等占领区的殖民统治严重动摇。在日本侵华期间,南京人民在极艰难的条件下开展的各种形式的自发抗争,所表现的爱国热情与抵抗意志,不仅是中国人民抗日战争的重要组成部分,而且为 1940 年 6 月以后中国共产党在南京建立地下组织、领导抗日斗争,奠定了基础,准备了条件。

屠刀下的花季

## ●国破傲骨在　书生大义存

　　王伯沆教授是日伪统治 8 年的南京城里中国爱国知识分子的典型。王瀣，字伯沆，号冬饮，是一位在日伪统治时期坚持民族气节、不向日伪摧眉折腰的有骨气的文人。他原籍南京远郊溧水，一直生活在南京，学识渊博，诗文、书画、篆刻皆精。1927 年以后，他在中央大学中文系任教授，深得学生爱戴尊崇，其受业弟子桃李满天下。1937 年 12 月日军屠城时，他以衰病之身，未及撤离南京，避居于"安全区"，目睹国破城毁的悲剧与日寇的暴行，激起他的满腔义愤。13 日南京沦陷以前，宪兵队断水电，强令中华门附近居民迁往难民区避祸。然而，日军入城后，一路烧杀抢掠，难民区也非绝对安全。

　　"日本兵要杀我的时候，你把头扭过去，不要看也不要哭，你一喊，我的心就乱了，请成全我。"王伯沆如此告诫女儿。其实，正因为他的心肠软，尤其舍不得骨肉之情，才会对 10 岁的女儿这样说。王伯沆准备从容赴死，决不在日本人面前畏缩！

　　后来，日本兵果然闯进难民营，一把抓起病榻上的王伯沆。王先生怒目而视，日本兵眼露凶光，立时拔出刀来。说时迟，那时快，母亲忽然张开双臂，挡在丈夫前面冲日本兵喊："你是武士，他是病人，要杀先杀我吧！"当时日本军人中，不少人懂得中文，那个士兵显然听懂了母亲的话。双方僵持数秒，日本人缓缓收刀，极其勉强，二目凶光不改。

　　1938 年 2 月，"安全区"被迫解散，王伯沆回到城南破败的家中，闭门度日，写诗纪

图为国学大师王伯沆。1944 年秋，王伯沆在贫病中去世。临死前他交代家人，说："我生不愿见日寇，死了，棺材也不要见到敌人。我死后，棺材不准出门，就地埋在自家后院里。"他的家人遵其遗嘱，将其遗体在后院草草埋葬，直到抗战胜利后才重新安葬于其故里。

　　位于南京中华门东侧边营 9 8 号的王伯沆故居现已修葺，辟为"王伯沆周法高纪念馆"(翁婿二人)故居内芭蕉、翠竹相映，东屋为王伯沆生前卧室，桌几床柜仍如昨日摆设，简朴洁净，后进门外空地，植有王教授时旧物庐山松，由此可窥王伯沆人品之高洁，门上有联："砥行碧山石，结交青松枝。"

在开展秘密工作的同时，中国共产党领导的新四军于南京失陷、南京大屠杀暴行发生后不久，便深入苏南敌后，活跃在金陵城下，发动群众，宣传抗日，打击日本侵略者。新四军于1938年4月底组成先遣支队，在粟裕的率领下，挺进苏南敌后。5月4日，毛泽东致电新四军副军长项英，要求"在广德、苏州、镇江、南京、芜湖五区之间广大地区创造根据地，发动民众的抗日斗争，组织民众武装，发展新的游击队。

实："叩门唯立壁，观化尽浮沤。稳卧黎床听，人嚎杂鬼啾。"由于失去工作，又年老多病，家境日益困难，以至不能举炊。他只得变卖自己珍藏多年的书画典籍。1940年夏，汪伪政府为了借重王伯沆的名望来装点门面，先是由"立法院长"陈公博派人送来伪国府参事聘书，并许以月薪300大洋。贫病交加的王伯沆老人断然拒绝，表示宁可饿死绝不赴任。王伯沆先生声色俱厉地怒斥来人道："余已行将就木之人，可以舍我矣。实不敢见张邦昌、刘豫丧权辱国之举！"并对家人说："人是要生活的，但是要问问自己怎样活下去才有意义？丢了这个就是忘本，就是忘了我列祖列宗，成为民族罪人。他们是汉奸、民族的败类，我能接受他们的待遇么？投靠日本帝国主义，同他们同流合污，出卖灵魂，为虎作伥，那不是等于拿屠刀杀害中国人么？我死后你们也不要接受分文救济，否则，不是王氏的子孙！"

## ●共产党领导下的新四军积极打击日寇

南京沦陷后，新四军不但在南京建立地下组织，且在外围积极打击日伪，获取许多胜利。在南京沦陷和南京大屠杀暴行发生后，中共江苏省委和活跃在苏浙皖地区的新四军，十分重视在南京建立秘密党组织，开展各项发动群众、打击敌人的工作。最早来到南京的情报人员，是日籍中共党员西里龙夫。1938年3月，当南京大屠杀遇难者的尸体还没有掩埋、处理完毕的时候，西里龙夫便到达南京，担任日本同盟社南京支社首席记者。经过他的安排，另一名中共党员、情报

屠刀下的花季

人员陈一峰被录取为"中联社"首席记者。西、陈二人凭借他们所处的重要岗位，经常可以获得十分有价值的情报，并及时报送上海。1939年4月，中共上海情报站派张明达到南京担任地下交通，专门在南京上海间传递重要情报。

新四军积极打击日本侵略者

　　1939年春，在金陵女子文理学院举办的附属实验班——女子中学读书的学生朱为娟(后改名许勤)、王秀琪，联络同学吴静华(后改名蓝青)、姜秀英(后改名石轩)、周兰、安梅芳、刘家珠，自发地组织了一个秘密抗日团体"七人团"，展开秘密抗日活动。朱为娟与吴静华的原籍都在常州乡下。她们都是在1937年11月至12月间日军从上海向南京进攻时，随家庭逃难，辗转来到南京的。1939年8月暑假期间，她们回到常州农村家乡，经人介绍，与新四军在当地活动的一个干部赵云举相识。她们知道赵云举的真实身份后，就向赵谈了"七人团"的秘密活动情况，表示希望接受新四军的领导。从此，"七人团"就与新四军方面建立了定期的通信联系；同时，"七人团"又发展同学李嵘、林金珠、阮巧云等人加入她们的组织，遂改称"十三人团"。这些在中国共产党领导下的秘密抗日团体，在学生、工人和伪军中积极开展工作，团结群众，运送物资，传送情报，策反伪军，把矛头直指日伪反动统治。

　　1940年4月7日，即汪伪政府在南京成立后约一个星期，金陵女子文理学院附属实验班女子中学有3名女学生，出于对日伪的憎恨，毅然决定离开南京，"步行去'自由之土'"——准备徒步走向中国西部抗日政府统治的地区。她们是3名稚气未脱的女中学生,身上只带了很少的钱,准备"长途跋涉上千英里",还要经过重重封锁线,危险与困难可想而知。她们全凭的是一腔爱国热情。后来,此事虽因被学校与家长察觉而被劝阻,但却在南京的青年学生中产生了很大的影响。

遵照中共中央的指示,新四军还与当地游击队在南京附近不断打击敌人,为大屠杀中死难的同胞报仇。1938年7月10日,新四军成功地组织了汤山附近新塘伏击战,炸毁日军汽车2辆,毙伤日伪军40余人。7月14日,又捣毁京芜铁路板桥车站,击毙日军30余人。9月20日,新四军侦察人员更化装进入南京城,张贴布告,抓捕敌探,迫使日军宣布南京全城戒严。11月26日,新四军某部侦察连进击雨花台守敌与中华门城堡,毙伤日伪军25名,并在雨花台山顶插上标有"新四军"字样的红旗。新四军在南京周围的武装斗争,贯穿整个抗战期间,并愈演愈烈,横跨大江南北,使日军闻风丧胆,受到沉重打击!

# 第五章　用生命和良知照亮历史的人

　　金女大收容所服务之外侨,无分昼夜,轮流守护,金女大内美人魏小姐每对于敌人之来劫奸难女者,常跪哭求赦;负责纠察组之德人史排林先生,轴巡察护,遇敌暴行,力竭声嘶,誓与周旋。此外在京外侨无一不努力救护吾民,与敌人争执,因之受辱被创者时有所闻,而吾二十万难民得以获救,否则恐无孑遗矣,即最近自傀儡式之自治会成立后,被难民众,仍向国际委员会哭诉敌人暴行者,日必四五十起。据闻均详为记录转播全球,是以国际舆论沸然。而敌方亦自感应付棘手,视国际委员会为眼中钉,乃多方为难,刻意阻挠,务使难民区解散而后快。但外侨绝不为动,且更努力,这等精神,人天共钦,不仅吾难民奉为万家生佛已也。

——蒋公毂《陷京三月记》

## 拉贝——中国的"辛德勒"①

　　亲爱的读者,我想在此明确肯定地说,成为活菩萨即使对一个西藏人来说也不是件十分容易的事,对一个"汉堡人"来说就更是绝对不可能了。尽管如此,当我把我的日记说成是"一个活菩萨的日记"时,为了不致被认为是自大狂,或者像汉堡人说的"高兴得要发疯",我必须委婉地指出,加给我的这个称谓,如同接受勋章一般,无法予以拒绝。我不想被人们视为理智不正常。这一称呼是怎么来的,请您倾听下面的叙述。

——《拉贝日记》

　　1937 年 11 月的一天,战争的阴云正在笼罩着南京,街头的战争气氛已经很浓重了。而南京广州路小粉桥 1 号,却还暂时保持了幽雅宁静的样子。不过,在客厅里,却传来了一个日本人和一个德国人用生硬的汉语的争执。

　　"拉贝先生,"一个日本军官模样的人,激动地说,"您为什么不肯离开中国,这里并不是您的祖国! "

　　"少佐阁下,"一个戴着眼镜,身材高大的德国人,沉声说,"我想提醒您

---

　　① 辛德勒,原德国纳粹党党员,在二战期间,曾保护了数千犹太人的性命。好莱坞著名导演斯皮尔伯格曾根据他的事迹,拍摄电影《辛德勒的名单》,获奥斯卡奖。

注意,我已经在这里生活了近30年。"

"但是,战争马上就要爆发了,"日本少佐焦急地搓着手,"如果您的安全受到威胁,我们要如何向德意志帝国的外交官交代?"

"这没有什么,"拉贝温和地说,"这是我自愿留下的。"

"可是,这是为什么?"日本少佐不解,像连珠炮一样地发问,"你究竟为什么要留下来?为什么要卷入我们的军务呢?这些事又和你有什么关系?你在这里又不曾失去任何东西!"

拉贝停顿一会儿,然后回答少佐道:"我在中国已经生活了近30年,我的儿孙们都在这里出生,而且我在这儿生活得很快乐,事业也很成功。我始终受到中国人的礼遇,即使战争期间也不例外。如果我在日本也居留30年,并同样也受到了日本人民的礼待,那么你们可以相信,当遇到像现在中国所面临的这种紧急关头的时候,我也绝不会离开日本人民的。"

听到这个回答,遵奉效忠观念的日军少佐,思索了良久,脸上终于露出了敬重的神色,并深深鞠了一躬,转身走了。望着少佐离去的身影,德国人拉贝的思绪仿佛回到了很多年前,他刚刚来到中国时候的情景,他是多么喜欢这个国家呀……

这位德国人,拉贝先生,正是在南京大屠杀期间,解救了成千上万南京人民的"德国好人"。他1882年出生于德国汉堡。1909年,拉贝来到中国,进入德国西门子工作。他的事业蒸蒸日上,周围居民对他友善热情,拉贝在这里工作、生活得极为愉快。然而,日寇的铁蹄,不但破坏了中国的社会,也打破了

图为约翰·拉贝佩带着中国政府颁发的襟绶采玉勋章。

对南京人民来说,拉贝是一名英雄,"南京的活菩萨",一位南京国际安全区的传奇首领,他保全了成千上万的中国人的性命。但在日本人眼里,拉贝是个讨厌的拯救者,因为他不但是一个德国公民,还是纳粹党在南京的负责人。

拉贝先生宁静的生活。他开始思考自己在战争中的选择。他想为中国人民做点什么。1937年8月,日军开始对南京狂轰滥炸。拉贝正在北戴河休假,他星夜兼程赶了回来。他在院子里修筑了防空洞,提供给家里的佣人和附近居民使用。11月,他和一些西方人设立了一个安全区,希望在南京沦陷的最危险时刻,为难民提供躲避场所。他被推为安全区主席,拉贝明白自己肩负的担子有多重。他说:"由我出任主席,我不应再有丝毫的犹豫。"

1937年,南京国际安全区和国际红十字会南京委员会部分成员,左起:福斯特牧师、米尔斯牧师、拉贝、史迈士、史波林、波德希伏洛夫。(左一就是本照片的拍摄者福斯特牧师,居中者为约翰·拉贝。)

安全区内设有25个难民收容所,聚集了近30万难民。拉贝作为非常时期的"执行市长",面对的困难像千万座大山。他利用纳粹身份,与日军斗智斗勇,与日本领事馆反复交涉、抗议,阻止日军的恣意侵犯和屠杀;他把他租住的院子,设为"西门子"难民收容所,收留了600多个附近的居民,丁永庆、宗有琴、李世珍,当年都在这里得到过拉贝的保护;他在这里写下了著名的《拉贝日记》,记录了日军暴行的500多个惨案;他带领他的委员们寻求国际援助,募集资金,购买粮食和药品,特别是历尽艰辛,从上海搞来了能预防脚气漫延的蚕豆。难民们对他顶礼膜拜。

食品的短缺是令安全区领导人最为头疼的问题。12月初,南京市长送给国际安全区3万石大米和1万袋面粉,供给难民作粮食。但是这批食物储藏在城外,委员会缺少必要的卡车把它们运进安全区。中国军队已征用了该地区内大部分运输工具,将2万人和5千箱北京故宫珍宝运离南京;绝望的市民和个别士兵偷走了几乎所有遗留物。对于拉贝和其他外国人来讲没有别的选择余地,他们驾着自己的汽车,在南京城内穿梭,尽可能多地把一些大米运进安全区。当日军炮击南京时,这些外国人仍继续运送;有一个卡车司机恰恰被流弹片击中一只眼睛。最后安全区领导人只获得了一部分粮食——1万石大米和1000袋面粉,但是这些粮食确实使安全区内很多人免于饿死。

南京城是在1937年12月12日深夜沦陷的。从那个时候开始,拉贝就无能为力了。只好坐视不可避免的灾祸的来临。他一个小时一个小时地记录着事态的变化。

13日下午,拉贝就高举印有安全区徽章的旗帜,带着他的秘书刘易斯把译成日文的正式公函交给日本侵略军长官。不料在场5人竟无一人肯接受。无奈之下,他们又于15日赶到日本特务机关所在地交涉。日本特务头子福田少将接见了拉贝,并信誓旦旦地表白日军的"仁慈态度",在国际人士面前,侵略者狰狞的面目难得收敛。然而,随后开始的大屠杀证明了一切只是谎言。

日本盟国官员身份成了拉贝最后一张护身符。为制止日军虐杀中国平民,拉贝在国际委员会的屋顶上,插上一面德国纳粹党党旗,这方法果然奏效。那些强奸妇女的日本士兵一见到结盟的德国人,就连呼"德意志"而悻悻离去。在广州路小粉桥1号大院拉贝住处,他也用同样的方法保护着600多名老弱妇孺。

拉贝也开始在城里四处游荡,以个人的力量去阻止暴行的发生。无论

安全区内难民一角

第五章 用生命和良知照亮历史的人……

屠刀下的花季

何时拉贝开车往来于南京城中，不时会有男人跳出来拦住车子，请求拉贝去制止正在进行的强暴行为。于是拉贝就让他一起上车赶往出事地点。他知道这些行动是非常危险的。"日本人有手枪和刺刀，而我只有纳粹党标志和我的卐字袖章"，但是没有什么力量能够阻挡他的正义之举。

拉贝被南京城内的暴行惊呆了，在街道上他看见许多具妇女的尸体横陈在被烧焦的房屋废墟边上。日本士兵随心所欲地对姑娘和妇女施以强暴，并杀死任何反抗、试图逃跑的人。

对中国人来说，拉贝是他们的守护神，他们非常敬重他。对他们来说，拉贝是将他们的女儿从敌军的魔掌中、将他们的儿子从机关枪枪口下拯救出来的恩人。拉贝在安全区出现时，会引起人们一阵阵欢呼声。有一次他到安全区去，上千名中国妇女哭喊着扑倒在他面前，请求拉贝保护他们。拉贝不断地给处于极度恐怖状态的难民们打气，使他们有活下去的勇气。每当住在院子里的女难民生产，他就会为新生儿举办小型生日庆祝会。每个新生儿都能收到一份礼物：男孩 10 美元，女孩 9.5 美元。极具象征意义的是，当男孩出生时，便取名叫拉贝；如果是女孩，就用他妻子的名字叫多拉。1938 年的新年，小粉桥 1 号难民们在院子里排着整齐队伍向拉贝三鞠躬，献给他一块红绸布，上面写着：您是几十万人的活菩萨。难民们用这种朴素语言表达他们对拉贝救命之恩的感激。

拉贝回德国后，义愤填膺地揭露日军在南京暴行。他播放了南京红十字会主席约翰·马吉牧师拍摄的日军暴行影片。他还给

图为拉贝先生的名片

拉贝竭尽所能地收容中国人。他把自己的房子和办公室变为西门子公司雇员及其家属的避难所，还把许多中国妇女藏在后院矮小简陋的茅屋中。为防止她们遭受日本流氓的伤害，拉贝专门建立了一套警报系统。只要日本兵翻过院墙，妇女们就会吹响口笛招呼拉贝冲到院内将他们赶走。这种情况太频繁了，以至于拉贝晚上几乎不敢出家门，唯恐日本兵会趁他不在的时候闯进来。

图为 1938 年 2 月 21 日,拉贝回国前的送别人群。

1938 年 2 月,拉贝应西门子总部要求,返回德国。同时他把躲在他家养伤的中国飞行员王光汉,扮作他的佣人安全地带到了上海,又护送到香港。

1996 年,《拉贝日记》在美籍华人张纯如女士及邵子平博士等人的寻访下得以重见天日。12 月 13 日在美国纽约的南京大屠杀纪念大会上,拉贝外孙赖因哈特女士将 2000 多页的日记副本首次向外界公开,立即引起轰动,成为南京大屠杀最重要、最详实的史料之一。日记中记述了城区内的 600 多例个案,很多可与其他资料互为佐证,如幸存者李秀英等。

希特勒本人寄了一份暴行报告。由于德日为盟国,德国当局禁止他发表在南京的所见所闻。纳粹秘密警察盖世太保为此逮捕拉贝审讯了 3 天。

二次大战结束后,拉贝因为他的纳粹身份又受到不公正待遇。已回到德国的拉贝生活陷入困境,全家依靠野菜树叶充饥。在他最消沉的日子,在他濒临饿毙的绝境中,南京老乡没有抛弃他! 1948 年初,当年受他庇护的南京市民纷纷解囊相助,并将捐的钱物辗转寄给拉贝。1950 年,拉贝在柏林患中风去世。

南京市把约翰·拉贝先生看作是仁爱典范,将他的墓碑安置在侵华日军南京大屠杀遇难同胞纪念馆。辛德勒在二战期间救助过大约 1000 名犹太人,而拉贝的名单却数以十万计。

### ❈《拉贝日记》是日军罪行的铁证

南京大屠杀发生后,日本方面一直在试图封锁消息,制造假新闻。日本人在上海办的《新申报》发表过一篇文章,说"日本部队安抚中国难民,南京出现令人欣慰的气氛","日军给南京居民发面包和糕点,给伤病者治疗,南京居民非常感激,在太阳旗下高呼万岁"云云。通过报纸造谣还不够,还由外交官出面抵赖。日驻伦敦大使吉田茂于 1938 年 1 月 29 日接受《每日杂谈》代表的采访时,对欧洲关于日军暴行的报告表示遗憾。他们试图将 30 万无辜者的冤魂,永远埋入地下。而拉贝和他的日记,却成了证明日军暴行的真实有力的证据。

原来,国际委员会成立以后,为对日本提出抗议,他们从日军侵占南京后的第三天起,就给日驻南京大使馆写信并附上《日本士兵在南京安全区的暴行》，并对这些暴行编上号码，要求日本迅速采取措施。当然，被日方置之不理，但拉贝他们继续调查，连连给日方写抗议信并附上《日本士兵在南京安全区的暴行》及其续篇《事态报告》，先后共 10 多篇，编号由 1 至 426。这些材料，都成为南京大屠杀有力证据。

由于这些抗议信都是写给日方，作为暴行例证，拉贝他们十分慎重，其中许多暴行是他们亲见亲历的。拉贝等还与有的被害者亲自谈过话。

同时《拉贝日记》中，除日记、抗议信外，还包括安全区国际委员会、国际红十字会、日、德、美、英等国大使馆的工作人员之间的大量的来往公文、函件、报告等，其中很多是内部文件。因此具有无可争辩的史料和证据的价值。

在大量事实面前，当时少数日本官兵和官员不得不承认暴行的存在。一个日军少佐和拉贝在一起，目睹了日本士兵的暴行后，向拉贝坦陈自己的心态说，他原本是不承认日军有暴行的，但此次目睹这些罪行以后，他相信拉贝他们在抗议信中写的暴行是事实，没有夸大其词。拉贝接触到日本大使馆的官员，"感到他们中有人长时间以来对日军的做法感到羞耻"。个别灵魂受到震撼的日本士兵甚至主动帮助中国人，弥补自己的罪行。

为此，拉贝受到了来自日本方面的威胁。日方千方百计拖延阻挡外国代表进入南京，"因为怕被进城的官方人员亲眼目睹他们所犯下的残酷暴行"。拉贝本人于 1938 年 2 月奉令经上海调回德国。为此事他去日本

8 月 13 日，《拉贝日记》出版人、德国前驻华大使维克尔特（右）和拉贝的孙子托马斯·拉贝在海德堡出席拉贝塑像揭幕式。为缅怀拉贝先生并感谢他在南京大屠杀期间的人道主义行为，由来自柏林和汉堡等地几位中国留学生捐献的拉贝塑像在海德堡"约翰·拉贝交流中心"揭幕。

图为 1938 年 2 月，日军的基督徒士兵，他为安全区提供了一些肥皂、毛巾和饼干。欧内斯特·福斯特（Ernest H·Forster）拍摄。

大使馆和使馆官员福井商谈办手续。福井一再对他说:"如果您在上海对报社记者说我们的坏话,您就是与整个日本军队为敌!就要激怒日本军方!"

1997年8月,在整整60年之后,《拉贝日记》中文版在南京得以公开出版,著名史学家胡绳撰写了序言。当年底,在前驻华大使埃尔文·维克特先生努力下,德意志出版社DVA出版了拉贝日记的德文版。

## 历史回音

### ●拉贝,是我老妻的恩人

"1937年冬,日寇侵华南京沦陷前,南京山西路以南、中山路以西、汉中路以北区域划为安全区(即难民区),四周插以白底红圈中有红十字的方形旗帜,安全区委员会推举德国西门子洋行驻南京负责人拉贝为主任,并动员市民入区避难。至11月,战事日紧,城内居民除少数恋家者外,皆纷纷涌向难民区,我也随母住进宁海路25号,老妻时年19岁,也随全家住到小粉桥拉贝居住地围墙西侧的民房中,与拉贝住地仅一墙之隔,围墙只有一人多高。11月下旬,南京陷落,日寇大举入城,在难民区外大肆奸淫掠杀,烧毁民房,惨无人道,令人发指。此时,安全区也非绝对安全,一日老妻住房附近遭日军骚扰,老妻父兄连夜送女眷翻越围墙进入拉贝住地避难,当时尚无塑料布,仅用木棍支撑单被护体。天亮后,拉贝发现并未驱逐,反叫翻译找来硬纸板予以遮垫,远近难民发现这一

在拉贝的日记和给日方的信中还列举了日军大量暴行,如在12月18日的信中,拉贝写道:"昨天有一千多名妇女因遭奸污或家中遭到抢劫逃到金陵大学"(难民收容所)。在同一信中对所附相片的说明词中,拉贝写道:又有一千多个中国人被赶到那里,押至城外,用机枪处决。

屠刀下的花季

避难宝地后,纷纷将家中妇孺送来。仅一两日,避难妇孺即近百人。先到者依靠主房及围墙内侧搭窝,后来者则席地坐卧,好在饮食皆由家人送来,无须举炊,节省空间不少,即使如此,除围墙东南隅大门及走道外,已挤满避难妇孺。直到1938年南京治安维持会成立,秩序稍好,才相继撤出。婚后,老妻告诉我,她们是在紧急情况下无奈翻墙进入拉贝住地,不想此地竟成为难民区里的小难民区。谈起拉贝,老妻回忆说,大家不知道他叫拉贝,都称他为爱得培先生,他对院内避难的妇孺非常关爱,从不发火,但对敌人则不然。有一次一个身佩刺刀的日本兵翻墙进入院中,众人大惊,告知拉贝,他迅即携翻译出来,对该日本兵大加斥责。日本兵唯唯认错,欲走大门出去,拉贝不允,责令他仍从围墙爬出! 老妻等难民在小粉桥1号避难期间,除得到大力庇护外,还经常得到他赠给的大米等食物,孩童们更常得到他给予的食品。老妻说:‘我邓玉玲今生永远不会忘记爱得培(即拉贝)这位大恩人!’”(郝中成来信,2004年01月05日,《扬子晚报》)

## 魏特琳——南京城的“活菩萨”

1937年12月17日夜,整个南京城都在燃烧,都在爆炸! 到处是惊惶失措的难民,逃跑的溃兵,以及身后日本人那雪亮的刺刀。而南京金陵女子文理学院的大门口,更是哭声震天! 月亮惨白地照耀着那飞檐彩绘的大门,仿佛也在无声的抽泣。日军汽车的鸣笛声,日本士兵的狂笑声、恐吓声,刺刀交鸣的碰撞声,中国妇女们的尖叫声、乞求声、怒骂声,交织在这个黑森森的夜里,显得格外恐怖。而那些雪亮的日军手电的光影,不断像毒蛇一样扭动着,不断在受害的妇女身上和日军淫笑的脸上划过,映衬在这黑夜里,更显得狰狞无比。

突然,一声呼喊突兀而起,格外刺耳凄厉:“畜生! 你们放开魏特琳小姐! ”

这时候,许多手电光都集中在了一个妇女的脸上。她是一个30多岁的美国妇女,她身材削瘦,中等个子,正被日军的一个操着蹩脚法语的军官揪住头发,向日军的汽车上拖去。谁都知道,被这些魔鬼拖到车上,将是什么样的结局! 美国妇女拼命地反抗着,她背部的衣服已被撕开,而她的手却紧紧拉住汽车的一角不肯上去。

“他们要拉走魏特琳小姐了! ”在门口的人群沉默了一会儿,突然爆发出更为猛烈的呐喊,许多刚才已经躲到了院子里的中国妇女们,也一齐冲出来，一大批人围住了日军的汽车，有的人甚至抱住了汽车的轱辘，誓死不让汽车发动！日军军官非常震惊！这到底是一个什么样的美国女人？为什么会得到这么多中国妇女的爱戴？正在这个危急关头，从外面赶来的史密斯教授和密尔士牧师也和日军交涉，终于救下了这个美国妇女。

她究竟是谁呢？原来，她就是金陵女子文理学院教育系主任及院长魏特琳女士。在南京大屠杀开始后，留在城中的西方妇女屈指可数，魏特琳便是其中之一。许多年后人们都会记得她，不仅因为她为保护数千名妇女儿童免遭日军欺辱时所表现出来的巨大勇气，且因为她所保留下来日记尤为珍贵。

1937 年 8 月 15 日，日军开始轰炸南京。魏特琳在金女大组织了一系列的备战工作：挖防空壕，清理地下室，组织灭火队。16 日美国大使馆下令所有的美国妇女和儿童撤离南京。魏特琳以工作为由拒绝执行。12 月 1 日魏特琳主持金女大工作。当时金女大仅剩下魏特琳一名外籍教师和十几名中国员工。

魏特琳辛苦地工作着，把女难民安顿在校园里，帮助伤兵们撤离该地区。为掩护这些中国士兵的真实身份，她在学院的焚化炉里烧毁了他们的军人证件和衣服。在她指挥下，家具都搬到了顶楼，仓库被腾空，宿舍打扫得干干净净，贵重物品全用油布包好藏了起来。与此同时，又把南京安全区专用的海报、招牌和袖章发给每一个志愿者。

12 月 13 日，日军攻占南京。从 14 日开始，金陵学院打开大门接纳妇女们和孩子们，成千上万的人涌了进来。魏特琳守卫在学校的大门口，阻止日本士兵进入校园，同

图为年轻时的魏特琳。明妮·魏特琳(Minnie Vautrin)，是来自美国社会底层的平民。1886 年 9 月 27 日出生在美国伊利诺州的西科尔(Secor)镇。其父为 3 年前刚到美国的法国移民，刚到美国时身无分文，家境贫寒。魏特琳 6 岁丧母，自幼操持家务，干农活。但她天性喜爱读书，立志长大当一名教师。她一直自筹学费，坚持上学且成绩优异。

年轻的魏特琳

第五章 用生命和良知照亮历史的人……

屠刀下的花季

时维持校门口的秩序,让符合条件的人进校园避难。到12月15日晚上,金陵学院难民营的人数已经达到3万多人。魏特琳清醒地认识到,三个危险已过去了——士兵的抢劫、飞机的轰炸和大炮的轰击。但还面临着第四个危险——我们的命运掌握在取得胜利的军队手里。人们都十分焦虑,因为不知道未来会怎样。果然,晚上7时30分,食堂负责人来向魏特琳报告说,日本兵正在抢占校门对面存有大米的房子。魏特琳等人试图同这批日本兵的头目取得联系,但没有结果。日军攻陷南京,立即开始有组织地屠杀、抢劫和纵火。同时还发生了大规模强奸暴行。当时任何一名日本兵对中国人都拥有生杀予夺的大权,都可以肆意地强奸中国妇女而不受到任何惩罚。在这种无法无天的状态下,对日军犯罪行为唯一能起一些制约作用的就是西方人士。

在南京陷落之前,留在南京的德国人、美国人、英国人和丹麦人在南京建立了一个"安全区"和"安全区国际委员会"。但后来随着局势的恶化,到12月15日,南京仅剩下22名西方人。日军的惨无人道使这些西方人士大为震惊。为维护最基本的人道和尊严,他们纷纷投入到保护中国人的行动中。魏特琳担负起保护近万名中国妇女免遭日军蹂躏的重任。

除亲自与日本兵斗争外,魏特琳还请国际委员会的男性成员每晚到金女大守夜。她还数次到日本大使馆反映日军暴行。

在那些孤立无援、极端恐惧的妇女眼里魏特琳成了希望的化身。在此期间,魏特琳还写下了大量日记,为南京大屠杀的研究提

图为南京师范大学华夏馆,原金陵女子学院办公楼。除了向难民提供吃、住及大量管理工作,魏特琳另一项工作就是日夜守卫在大门口,阻止日本兵进来。日本兵常翻围墙进入金女大,魏特琳一听到报告立即跑到日本兵出现的地方,阻止他们强奸中国妇女,一连数日,疲于奔命,竟不能安然吃一顿饭,最后病倒数日。在大多数情况下,日本兵看到她,拔腿便跑,有时也用武器威胁她,甚至动手打她。郭岐在他的《陷都血泪录》中写道:"日本兽兵如果来了,要进去的话,她(魏特琳)即不顾一切地抵抗不准进去,说理不成,有时动武,同兽兵搏斗。听说一次被日本兽兵打了几个耳光,人人为她担心,有人上前向她慰问,然而她始终如一地奋斗到底。"

供了宝贵的历史资料。1938 年 1 月 28 日日军下令关闭安全区的难民营。许多难民回去后又遭日军的强奸、抢劫甚至杀害。魏特琳决定不顾日军的命令，尽自己所能让她们留下，并决定收留别的难民营回过家而无法待下去的妇女。

直到 1938 年 5 月 31 日，最后尚存的 6 个难民营关闭后，金女大仍收容着 800 多名无依无靠的妇女。魏特琳不仅保护妇女们，还帮助她们寻找失踪的亲人，改善她们的生活环境。一次魏特琳听说南京中央大学附近的模范监狱里关押着一批无辜的百姓，她马上去探个究竟，以后又为他们的释放多方奔走。在得知难民们数月未曾洗澡后，她在难民营建造了一个洗澡房，使难民有机会洗澡。她还请教会医院的医生给难民打防疫针；设法为营养不良的儿童弄到了一些奶粉和鱼肝油。当时难民给她起了个新名字"活菩萨"，还有人称呼她为"观音菩萨"。国民政府为了感谢她，于 1938 年 7 月 30 日秘密地授予她当时赠给外侨的最高荣誉——采玉勋章。

由于长期的劳累和过度的精神压力，使她得了严重的忧郁症而病倒。1940 年 5 月 14 日，在多方劝说下，魏特琳离开金女大回国治病。为了金女大，她与已订婚的未婚夫分手；为了金女大，她未能对老父尽女儿职责，她的弟弟对此一直耿耿于怀。

1941 年 5 月 14 日，即她离开金女大一周年，魏特琳用煤气结束了生命。她在生命的最后几天里曾对友人说，假如她还能再生一次，她还要为中国人民服务，中国是她的"家"。魏特琳留有一份字迹潦草的遗书，"我

《魏特琳传》及《魏特琳日记》书影。1937 年，魏特琳原定秋天回国休假，卢沟桥事件爆发后，她认为不该在中国危难之际离开。金陵女子大学的校长对她说：你是个女人，日军很可能危及女性……她响亮回答："这里是我的家，我要与之共存亡，那里也不去！"于是她留下来保护妇女。

屠刀下的花季

在中国的传道以未成功而告终,与其精神错乱而痛苦,不如死去更轻松。"她住在密执安州的弟弟运走她的遗体,安息在密执安州雪柏镇郊的公墓。

## 历史回音

### ●张玉英深情回忆魏特琳

张玉英一家6口是1937年6月底从北京来到南京的,当时张玉英11岁,刚念完小学四年级。张玉英的父亲曾任北京电话南局业务科科长,眼看北京局势紧张,他以为南京会更安全些,遂拖家带口南迁。谁知战争很快全面爆发,他竟在异乡惨死于敌人的屠刀下。好心人把幸存的张玉英从父亲的尸首下拖出,张玉英身带父亲的血迹,扶着小脚的母亲、领着年幼的弟妹来到金女大避难。

整天忙于四处巡视的魏特琳女士注意到了这个新来的小姑娘,并拿出一块红布条,让张玉英缝在袖子上,叮嘱她按时到临近的金陵大学去领粥。有了粥,张玉英一家活了下来。魏特琳还为难民们办了成人教育,教妇女们学技术、学知识,张玉英也在她建议下学织毛巾、踩缝纫机。每星期六下午不上课,张玉英都去魏特琳家,帮她做蛋糕、摇冰淇淋、熨烫衣服,而魏特琳总要给张玉英一点钱,鼓励她自食其力。

有一次,魏特琳带着张玉英打扫学校的琴房,按着钢琴的琴键,张玉英兴奋地问:"我能学弹琴吗?会弹琴,以后我就可以当音乐老师了。"魏特琳听了很高兴。学完一年的职业技术,张玉英很想到正规学校继续战前

图为魏特琳之墓。墓碑是一块大理石,上刻一幅象征金女大校舍的中国古典式房屋图案,房屋顶部用中文隶书竖写"金陵永生"四个字。房屋墙面刻着:
MINNIE VAUTRIN
"GODDESS OF MERCY"
MISSIONARY TO CHINA 28 YEARS 1886~1941

(意思是:明妮·魏特琳,"怜悯女神",传教于中国28年,1886~1941)

金陵女子文理学院，为难民服务的炊事人员。中间外国人是魏特琳女士和德威南夫人。图为欧内斯特·福斯特拍摄。

金陵女子文理学院难民营部分难民合影。

的学业。魏特琳马上帮她联系了汇文附小，上附小要考试，张玉英毫不含糊，一下子考了第一。魏特琳乐坏了，搂着张玉英直说："你的学费我出了。"魏特琳唯恐张妈妈不让玉英上学，她特意准备了两大口袋大米让玉英送回家，她说："他们也有了吃的，就不会不让你上学了。"1940年秋，张玉英小学毕业。就在这一年的5月，魏特琳被友人护送着回了国。等张玉英得知消息时，她在心里真有点怪华小姐为什么临走时没跟自己告别？她哪里知道华小姐在殚精竭虑帮助她这样的中国女孩时，在忍受着怎样可怕的病痛！

从那以后，张玉英几次试图与魏特琳取得联系，她还托在美国的亲友登过寻人启事，可始终没有任何消息。那一年，南京师范大学历史系一位女士找到张玉英，说准备请她参加12月6日举办的魏特琳女士纪念活动，张玉英这才明白华小姐已经不在了。12月6时，她步履蹒跚地来到现在的南师大，买来一只很大的花篮郑重地敬献到了魏特琳女士的遗像前。

## 张纯如——为三十万冤魂呐喊的女子

1968年3月28日，张纯如出生在美国新泽西州普林斯顿的一个华裔移民家庭中。纯如的父亲张绍进、母亲张盈盈都是哈佛大学的博士，祖父张铁君原籍南京，是著名的老报人。

性格文静的张纯如从小就喜欢写作，喜欢这种自由表达的方式。在她看来，写作是

屠刀下的花季

传播社会良知。真正的作家不是玩文字游戏,而要通过文字来传达社会所需要的思想和感情。童年的时候,纯如与父母谈话时,父母经常会提到遥远的 1937 年,在大洋彼岸一个叫南京的城市里发生了什么,她的祖父如何逃离人间地狱,滔滔长江水如何被鲜血染成了红色……

张纯如铜像在侵华日军南京大屠杀遇难同胞纪念馆揭幕。

1994 年 12 月,当张纯如在加州第一次看到南京大屠杀的黑白照片时,更是感到了无比的愤怒。的确有南京,的确存在大屠杀,但为什么有人否认它,且在所有英文非小说类书籍里,居然没有一本提及这段本不应该被遗忘的历史? 张纯如为这一现象震惊了,几乎所有的西方人都知道希特勒的罪行,却无人知晓日本人在中国进行的大屠杀。她为此感到阵阵心悸。

《南京大屠杀》作者张纯如遗体告别仪式在美国加州举行。

1997 年,张纯如的《南京大屠杀:被二战遗忘的浩劫》在美国出版。在一个月内就打入美国最受重视的《纽约时报》畅销书排行榜,并被评为年度最受读者喜爱的书籍。1998 年 4 月,东方出版社翻译的 20 万字《南京大屠杀:被二战遗忘的浩劫》中译本在北京出版。纯如用自己无可挑剔的努力和勇气,直面了人类历史上那一段惨绝人寰的记忆。哈佛历史系主任、中国现代史教授威廉·柯比在该书《序言》中写道:"南京的暴行在西方已几乎被人们遗忘,所以,本书的问世尤显重要。张小姐把它称作'被遗忘的大屠杀',将二战期间在欧洲和亚洲发生的对数百万无辜者的屠杀联系在一起。"

众所周知,南京大屠杀被遗忘的背景是非常复杂的,在这部极为严肃的著作震惊美国和整个世界的同时,也必然引起了某些无

146

端的质疑和粗暴指责，特别是对于不少不愿正视历史的日本人而言，张纯如的书无疑是"公然挑衅"。在这种情形下，《南京大屠杀：被二战遗忘的浩劫》一书也让张纯如成为积极参与维护抗日战争史实的社会活动家，以及抨击日本掩盖历史可耻行径的斗士。

1998 年，日本驻美大使齐藤邦彦公开发表声明，污蔑《南京大屠杀：被二战遗忘的浩劫》是"非常错误的描写"。这一声明立即遭到中国驻美大使馆以及美国各华侨团体的一致抗议，并敦促日本政府撤换大使一职。张纯如后来与这个日本大使一同接受"吉姆·里勒尔新闻节目"电视访谈时，日本大使居然含糊地宣称日本政府"多次为日军成员犯下的残酷暴行道歉"，张纯如当场指出，正是日本使用的含混字眼使中国人感到愤怒。她还重申了自己写作《南京大屠杀：被二战遗忘的浩劫》的两个基本观点：一是日本政府从未为南京大屠杀作过认真地道歉；二是在过去几十年中，日本政府在学校教科书中从来就是掩盖、歪曲和淡化南京大屠杀。

在张纯如辞世前，正在进行她的第四本书的工作。在一次去菲律宾做调查的旅行中，身心崩溃的张纯如患上了抑郁症，曾一度不得不住院治疗，

图为张纯如墓碑

张纯如死前留下一张纸条，要求家人记住她生病前的样子，她说："我曾认真生活，为目标、写作和家人真诚奉献过。"她的遗体葬在加州洛斯盖多圣安东尼牧场的天堂之门公墓，墓碑上写有这样的话：挚爱的妻和母亲，作家、历史学家，人权斗士。

屠刀下的花季

此后她一直承受着抑郁症的折磨。2004 年 11 月 9 日，在美国加州用一把手枪结束了自己的生命，她的突然离去震惊了整个世界。

今天，《拉贝日记》已被翻译成中、英、日等多种文字，保存在德、日、美、中等国家的档案馆里，成为历史见证。张纯如发现的不只是《拉贝日记》，还有一份珍贵的史料：《魏特琳日记》。张纯如在她短暂的一生中，忍受着巨大的精神痛苦，却留给了我们整个民族一段难忘的记忆。

# 第六章　正义的审判

我不是复仇主义者，我无意于把日本军国主义欠下我们的血债写在日本人民的账上。但是，我相信，忘记过去的苦难可能招致未来的灾祸。

——梅汝璈

## 浩劫终止：二战结束与东京远东国际大审判

苦难中的中国人民，终于盼来了胜利的曙光！1945年，纳粹德国投降后，美国在日本本土投下了原子弹，日本天皇裕仁宣布日本无条件投降！二战后期，惩处法西斯犯罪分子，被盟国提上了日程。1943年10月，美国、英国、中国等国成立罪犯调查委员会。东京审判从1946年5月开庭到1948年11月宣判终结，共历时近两年零七个月，其规模超过了纽伦堡审判，堪称人类历史上规模最大的一次国际审判。东京审判的对象是28名甲级战犯。1946年2月18日，麦克阿瑟正式任命澳大利亚韦勃爵士为首席法官，以及分别来自中国、苏联、美国、英国、法国等10国的10名法官。中国法官和检察官分别由梅汝璈和向哲浚出任。

在东京大审判中，有关南京大屠杀的认定，是焦点之一。而在以英美为主的法庭审判官内部，对此的认定却很不充分。而日方则组成了精干的律师团，也试图为他们的罪行开脱。面对这样的情况，中国法官们忧心忡忡，殚精竭虑，为证实日军暴行，中国检察官助理裘劭恒特地与两名美国人赴南京实

东京审判从1946年5月开庭到1948年11月宣判终结，共历时近两年零七个月。其间共开庭818次，法庭记录4.8万余页，出庭作证的证人达419人，出示文件证据4000多件，判决书长达1213页，规模超过了纽伦堡审判，堪称人类历史上规模最大的一次国际审判。日本法西斯的种种罪行在审判中一步步被揭露。

地取证，收集大量证据，并找到南京大屠杀幸存者尚德义、伍长德，目击者美籍医生罗伯特·威尔逊、约翰·马吉牧师等证人。检察官向法庭提供的证人证词和其他证据材料堆起来有一尺多高。中国的法官们暗自发誓：如不能将那些战犯送上绞架，就投海自尽！

而在认定南京大屠杀事实中，对松井石根的审判，更是重中之重。在法庭对松井石根的审讯中，他的辩护律师组织了一系列反证证人，试图为他所犯下的罪行进行开脱。日本辩护团的观点是：屠杀南京市民是绝对没有的；屠杀中国军人俘虏是误传；对外国权益和财产的侵犯是中国士兵干的还是日本士兵干的现在还搞不清楚；对妇女的不法行为和抢劫是小规模的。

南京大屠杀战犯松井石根
走上被告席

中国检察官向哲浚愤怒至极，他出庭指控松井石根说："在中国军队停止了一切抵抗，南京市完全由被告松井石根指挥下的军队控制后，开始了暴行和犯罪的大骚乱，一直延续了40多天无人控制。"

接着，美国检察官莫罗出庭讯问，他指控以松井石根为首的日军使中国南京居民深陷极大的痛苦和暴力之中，妇女遭到野兽般的奸淫，一群群日军暴徒用枪弹、刺刀不停地制造举世罕见的死亡和恐怖。

中国法官梅汝璈

松井石根再也坐不住了，开始为自己辩护。

莫罗质问道："你作为进攻南京的最高指挥官，怎么能说后来才听说发生这种'过失'呢？"

松井说："攻打南京的当时，我正在距该城140公里的苏州卧床养病，并不知道他们违抗我的命令，竟干出这般暴行来。12月17日我到达南京后，从宪兵司令部那里第一次听到这种意外事件，我立刻下达了命令，敦促各部队调查此事件并严惩肇事者，因此，把全部罪责都加在日本军官和士兵头上是不公正的，我是在日本投降后才第一次听到南京惨案的。"

日军成立"宪兵队"，是因为在当时南京国际安全区工作的西方人士将自己看到的日军暴行写成"备忘录"，通过外交途径向日军当局每天提出两次抗议的结果。

检察官问松井：看到过这些备忘录吗？

松井答道：看到过。

检察官问：采取了什么行动？

松井说：我出过一张整饬军纪的布告，贴在寺庙门口。

检察官再问：你认为在浩大的南京城内，到处杀人如麻，每天成千上万的中国男女被屠杀、被强奸，你的这样一张布告会有什么效力吗？

松井石根无言以对。过了一会儿，他说，我还派了宪兵维持秩序。

检察官追问道：有多少名宪兵？

松井答：记不清了，大约几十名。

讯问：你认为在好几万日军到处疯狂杀人、放火、强奸、抢劫的情况下，这样少数的宪兵能起到制止作用吗？

松井想了半天，低声说，我想，能够。

于是，法庭传讯证人，证人根据他所目睹的事实，证明当时南京全城总共有日本宪兵17名，而就是这17名宪兵，非但不制止任何日军暴行，而且他们自己也加入了暴行的行列。

在证人面前，松井石根无言以对。

最终，东京审判的判决书宣布，确认日

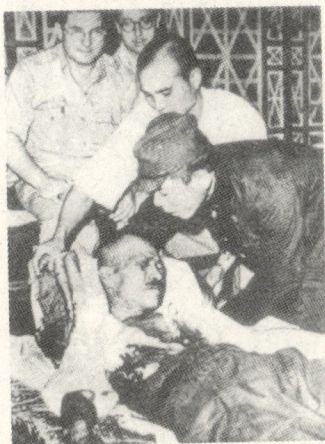

战犯东条英机自杀未遂的丑态

南京大屠杀惨案述要

本有对中国进行侵略战争及对苏联、美国、英国与其他盟国进行类似战争之罪。罪行有：1.对中国人民的屠杀；2.对太平洋地区各国人民的屠杀；3.拷问和其他非人道待遇；4.解剖活人和吃人肉。法庭认为"九一八"事件是第二次世界大战的导火线，日本是中日战争的侵略者。判决书以最大的篇幅叙述了日本侵华战争的历史，确定了日本侵华的种种罪行。判决书指出"南京大屠杀"被杀人数就达 20 万人以上，还不包括被日军焚烧的尸体、投入长江或用其他方法处置的人。

1948 年 11 月 4 日~12 日，远东国际军事法庭宣读了判决书。12 日下午，远东国际军事法庭判处东条英机、土肥原贤二、广田弘毅、坂垣征四郎、木村兵太郎、松井石根、武藤章等 7 人绞刑；判处荒木贞夫、桥本欣五郎、畑俊六等 16 人无期徒刑。

南京审判庭长石美瑜

## 复仇之剑：南京审判上迟来的正义

在东京审判的同时，南京、上海、马尼拉等地也设立军事法庭，审判日本乙级、丙级战犯，受审战犯共 5416 人，其中 937 名战犯被处以死刑。中国作为战胜国，也是最大受害国，分别在保定、东北、南京、广州、上海、济南等地设立审判战犯军事法庭，审判在侵华战争中犯有严重罪行的日本乙、丙级战犯。从 1945 年 12 月中旬起至 1947 年底，中国各地的军事法庭共受理战犯案件 2435件，死刑 110 件。

1946 年 2 月 15 日，南京审判战犯军事法庭成立,主要审理制造南京大屠杀惨案的日本战犯。法庭根据调查和民众的控告信,向东京盟军总司令部提出,要求将南京大屠杀的主犯和其他罪大恶极的战犯引渡到中国。其中,南京大屠杀的主犯之一谷寿夫,和屠杀南京平民300余人的刽子手田中军吉、在南京进行杀人比赛的向井敏明和野田毅成为了审判关注的焦点。

## ●屠杀元凶百般抵赖　如山铁证低头伏法

"血债血偿!让恶魔伏法!"1947年2月6日,南京励志社大礼堂外人声鼎沸,许多激动的南京市民都自发跑来,为审判南京大屠杀的元凶谷寿夫呐喊助威。在礼堂外,还有一张海报,原来,为发动南京市民行动起来与谷寿夫作斗争,南京法庭张贴了很多布告,传讯证人1000多人,收集到了更多证据。

"这些日本鬼子也有今天!"一个市民气愤地说。"是呵,这一回,一定要为我死去的妻儿报仇!"另一个中年人握紧拳头,眼中含泪。正当人们议论纷纷的时候,有人喊道:"谷寿夫来了!"于是,众人闪开一条道路,看到一个矮小的老头,戴着礼帽,神情萎缩地在两个高大的中国宪兵的押送之下,走了进来。"打倒谷寿夫!把这个杀人魔头碎尸万段!"人们齐声呐喊,一起向他涌来,却被两旁的军警拦住。谷寿夫吓得直往宪兵的背后躲避,完全没有了入侵南京城时的神气。

开庭当天,旁听者多达上千。庭长石美瑜宣布公审开始,公诉人陈光虞宣读起诉书,控诉谷寿夫1928年任第三师团长期间入侵山东济南等地,参与制造济南惨案;

在军事法庭上的原告及被害人家庭

屠刀下的花季

1937 年率第六师团入侵华北，沿途纵部任意抢劫居民陈嗣哲家中衣服古玩 28 箱及红木家具，强迫中国妇女做肉体的慰劳，旋即直扑南京参加大屠杀，被害者几十万人。谷寿夫似木桩一般站在被告席上听完起诉书，好像若无其事，当法庭宣布指定梅祖芳、张仁德两个律师为他辩护时，他傲慢无理地拒绝说："我比律师先生更了解事实。"

石美瑜等检验雨花台荒草中的被害人尸骨

法官要谷寿夫交代在南京大屠杀的罪行，谷寿夫把早已准备好的开脱之词抛了出来："军人以服从命令为天职，我奉天皇之命向中国作战，交战双方都要死人，我深表遗憾。"叶在增法官见谷寿夫寥寥数语将他的罪责推得干干净净，霍然站起高声宣布："请受害人提供证据！"

中国法官一声宣布，证人席前立刻排起了长队，一个个怒火满腔，争先恐后上台作证。南京市民姚加隆、白增荣、梁廷芳等先后出庭作证，他们都恨不得把谷寿夫撕成碎片，剁成肉泥，多亏法警竭力阻拦，才暂时保住谷寿夫性命。谷寿夫有点胆战心惊，但仍矢口否认屠杀。法官叶在增见他气焰仍如此嚣张，便请《陷都血泪录》的作者郭岐出庭作证。

郭岐原是中央军校教导总队辎重营中校营长，南京沦陷时没来得及逃出，在铁蹄下的南京停留 3 个月，据他亲眼目睹事实，写了一本《陷都血泪录》，成了审判谷寿夫的有力证词。审判长石美瑜请郭岐出庭作证。郭岐向谷寿夫发起猛攻："请问，攻陷南京时，谷寿夫君的部队驻在何处？"

谷寿夫应声而答："我部驻在中华门。"

郭岐说："我的《陷都血泪录》列举的惨案事实，都发生在中华门一带，正是你部残酷屠杀中国百姓的铁证！"谷寿夫的阵脚一下被打乱了,慌乱间不得不承认铁的血腥事实:"恭聆郭先生所述供词,确实太残忍了……"谷寿夫话锋一转又狡辩说:"不过,我部进驻中华门时,该地居民已迁徙一空,早已无屠杀对象。我曾一再教育部队严守纪律,不乱杀一人……"

谷寿夫"不乱杀一人"的狡辩激怒了法庭人员和旁听者。石美瑜庭长怒不可遏,拍案而起厉声下令:"把中华门外万人坑内被害者的颅骨搬上来!"霎时间,只见一颗颗颅骨被搬到审判席上,由中国参加挖掘被害人尸骨的法医潘英才说明红十字会当时所埋尸骨及中华门外被谷寿夫部队屠杀的无数平民,大部分有被日军枪杀及被铁器打死的伤痕,从颅骨底部的切痕完全可以看得明明白白:全都是用刀砍下来的!接着,当时的红十字会副会长许传音出庭作证,叙述他亲眼见日军到处烧杀抢劫奸淫妇女的罪行,证明当时红十字会曾掩埋被害人尸体4万余具。

谷寿夫呆若木鸡,中国法官质问谷寿夫是否认罪,这个大屠杀的元凶仍说不知这些情况。

金陵大学教授贝德士出庭作证说:"自1937年12月13日日本军队进入南京后,在广大范围内放火、抢劫、杀人、强奸平民,枪杀被认为是中国军人的非武装人民,情势万分严重,达3星期至7星期之久。前3星期内,尤其是前7天至10天内,对损害生命所犯之罪恶均可指数。本人曾亲见日本枪毙中国平民,满城各街尽是死尸。"

谷寿夫对四周深深鞠躬,装出十分沉痛的样子说:"恭聆诸位先生的证词,那些事实的确是太残忍了。不过,凡此种种我并不知

金陵大学教授史密斯和贝德士作证

屠刀下的花季

情，我也没有下达过残害中国人的命令。"

谷寿夫的狡辩又激起惊天动地的斥责声，中国审判官又传英国《曼彻斯特卫报》记者田伯烈出庭作证，用他所著《外人目睹中之日军暴行》里铁的事实，揭露谷寿夫部队犯下的滔天罪行。接着，美国《纽约时报》驻南京特派记者出庭宣读《南京大屠杀的目睹记》。对此，谷寿夫仍推说全然不知。

为制服谷寿夫，石庭长命令拉开银幕，先放映日军拍摄的新街口屠杀现场的纪录片，再放映美国驻华使馆新闻处拍摄的谷寿夫部队在中华门附近的暴行影片，当看到自己在屠杀现场指挥的镜头时，他一时瞠目结舌，如五雷轰顶，旋即又镇定下来，要求传证日本军官小笠原清出庭作证，石美瑜表示同意。

谷寿夫伏法

小笠原清登上证人席，说自己原是日本陆军大学学生，未参加进攻南京作战，但一直在研究南京战役，据他研究，认为当时雨花台是中日双方激战的地方，中华门一带早就没有了居民，故无屠杀对象，因而断言谷寿夫部队没有暴力行动。

检察官陈光虞驳斥小笠原清的辩护之词说，谷寿夫部队会攻南京之时，证人小笠原清尚在日本求学，徒以臆测漫谓被告部队在南京并无暴行，这种脱离史实的唯心主义研究，必然得出违反事实的结论，自属无可采信。

在几千听众的一片责骂声中，小笠原清灰溜溜地走下证人席。1947年3月10日，南京军事法庭对谷寿夫进行最后一次公审，谷寿夫黔驴技穷，硬说南京法庭对他提出的证据都是假的，谷寿夫为自己辩解："我并没有下达过肆虐于华人的命令。"

证人郭岐登台质问："谷寿夫，我请问你，

在日军攻陷南京以后，你是否曾经下达过命令，解散军纪三天？"谷寿夫被击中要害，瞠目结舌，无言以对，重重地低下了头。整个法庭鸦雀无声，都将愤怒的目光射向谷寿夫。

1947 年 4 月 26 日下午，谷寿夫被从南京国防部军法看守所提出来，押往雨花台刑场，沿途十多万民众观看，无不拍手称快。1947 年 4 月 26 日 11 时整，谷寿夫被宪兵押至刑场。65 岁的谷寿夫戴着礼帽，两腿发软，已无法站立，只得由宪兵架着，情形极为狼狈。《中央日报》称："行刑枪手为国防部警卫第一团班长洪二根，在围观市民的欢呼和鼓掌声中，一枪毙命，子弹自后脑进，面部出，倒地时脸朝天，口鼻均流血……昔日不可一世的杀人魔王，得其应得的报应。"

### ●杀人无数终有报，恶魔伏诛快人心

在审判谷寿夫之后，南京军事法庭又对在南京进行"杀人比赛"的暴徒向井敏明、野田毅和屠杀我南京同胞 300 余名的刽子手田中军吉等 3 名战犯，进行审判并处决。野田毅狡诈异常，为逃避罪责，早就想好了狡辩之词："日本随军记者浅海和我开玩笑说，已将你在南京杀了 100 多人的消息寄回日本，我当时就告诉他这个玩笑开不得。"比野田毅大一岁的向井敏明更否认自己的罪行，一口咬定根本就没有进行过杀人比赛。

年轻法官龙钟煜感到这个案子很棘手。庭长石美瑜递过一张报纸，龙钟煜见是一张日文报纸《东京朝日新闻》，以醒目的位置刊登了一幅照片：两个高矮不同的日本军官一人举着一把日本武士刀，狰狞狂笑，标题是

向井、野田两恶魔伏法

第六章　正义的审判

屠刀下的花季

《超纪录的百人斩》,照片左侧有几行引人注目的注释:"百人斩竞争之两将校"。中国法官龙钟煜再看这张日文报纸是 1937 年 12 月的《东京朝日新闻》,照片上挥舞屠刀的两个日本军官正是向井敏明、野田毅,而写此报道的日本记者正是浅海。龙钟煜惊喜地问:"这张报纸是从哪里搞到的?真不易呀!"石美瑜庭长说:"是中国参加东京法庭的中国检察官,遍翻日本报纸找到的——怎么样,对审判这两个日本战犯有信心了吗?"龙钟煜脸上显出兴奋的笑容,一个新的审讯方案迅速形成:"就从浅海着手……"

1947 年 11 月 15 日,南京军事法庭再次审讯向井敏明、野田毅,两人仍异口同声否认有杀人比赛,龙钟煜不慌不忙问道:"你们认识日本随军记者浅海吗?"野田毅马上回答:"浅海是认识的。"向井敏明也再次招供认识浅海。

1947 年 12 月 18 日,国防部审判日本战犯军事法庭在南京励志社对战犯野田毅、向井敏明进行公审。公开审判那天,励志社大礼堂布置一新,庭长石美瑜偕法官、检察官、书记官端坐审判席上,整个法庭内外座无虚席,人群仍像潮水般涌来,法庭又在庭外安装广播器材,以满足南京人民迫切要求观审日本刽子手的愿望。

在被告席上,向井敏明、野田毅意图否认有杀人比赛之举。龙钟煜愤怒地出示浅海光本等人在《东京朝日新闻》上的报道和照片,野田毅两个硬不认账,龙钟煜又出示 1937 年 12 月英文《日本公告报》的文章,文章指出:"向井敏明少尉和野田毅少尉举行杀人友谊比赛,看谁能在完全占领南京之

1947 年 12 月 18 日,日军参与"百人斩"恶魔向井敏明、野田毅和田中军吉(由左至右),在南京战犯法庭接受公审。

前，首先杀死 100 名中国人。现在他们的比赛要接近尾声。朝日新闻从前线发回的报道说，星期日，他们的比赛成绩如上：向井敏明少尉杀死 89 人，野田毅少尉杀死 78 人，目前胜负难以分清，比赛还在继续。"

石美瑜庭长不给战犯喘息之机，又指示法官龙钟煜出示 1937 年 12 月《大美晚报》的文章有力控诉说："(1937 年)12 月 10 日中午，两个日本军官各执已成缺口之刀，会聚一起。野田说：'我已杀 105 人，你杀了多少？'向井说：'我都已经杀 106 人了。'两人相视哈哈大笑，向井多杀了一个人，但无法确定谁先杀到 100 人。两个相约将比赛目标发展到 150 人。从昨日开始，他们已向杀 150 人的目标努力。"

公诉人又出示英国记者田伯烈所著《外人目睹中之日军暴行》，有力地做出结论：综上参互以观，则被告向井敏明、野田毅系南京大屠杀之共犯，实属毫无疑义。被告向井敏明细思活命之计，他突然双眼一亮，硬着头皮竟然说："《东京朝日新闻》系虚伪登载，记者浅海专为我颂扬武力，以博日本女界之羡慕，希望能早日获得佳偶，因此毫不足信。"野田毅也赶紧顺着杆子爬了上来："对，我那时是单身汉，为回国后好找老婆所以找记者浅海虚构消息，没想到这虚构消息竟传遍日本，传遍世界，反倒成了要命证据，真是天大冤枉！"

公诉人据理驳斥说："在日本侵华战争期间日本当局对军事新闻之统治检查本极注意，而《东京朝日新闻》系日本重要媒体，如果该被告等并无此杀人竞赛之事实，绝无故为虚构以巨大篇幅专为该两个被告等宣传之

向井、野田和田中 3 战犯被押往雨花台刑场

田中军吉伏法

屠刀下的花季

理。况该项新闻之登载,既经本庭引用上述各项确凿证据予以证实,即非通常传闻者可比,自得据为判决之基础。至谓以杀人为竞赛之凶残兽行,可作征婚广告,以博女性欢心,更为现代人类史上所未前闻。其抗辩各节,均属无可采取。"

1947年12月18日下午,南京军事审判法庭庭长石美瑜宣读对向井敏明、野田毅两个杀人魔王的判决书,宣告将南京大屠杀的刽子手向井敏明、野田毅判处死刑,立即执行。整个法庭沸腾起来,有的鼓掌,有的欢呼,有的受害家属为自己的血海深仇终于伸冤雪耻,激动得失声痛哭:"苍天有眼,杀人魔王,你们也有今天哪!"被告席上,10年前的两个杀人魔王,现在低下了头……

与此同时, 另一杀害300个中国人的杀人狂田中军吉也受到严正审判。战犯田中军吉,日本陆军士官学校毕业后进入谷寿夫的第六师团任大尉中队长。日本投降后,参加东京审判的中国法官在搜集审判日本战犯的材料时,发现了曾屠杀300个中国人的杀人狂田中军吉,便于1947年4月25日致电南京中国战争罪犯处理委员会,希望将此人列为战犯,函请驻日盟军总部迅速将其逮捕,以便引渡来华受审。

1947年5月29日上午,南京军事法庭检察官对田中军吉进行初次讯问:"查被告田中军吉作为谷寿夫师团的中队长,共屠杀中国军民300余人。"

42岁的田中军吉急忙矢口否认:"这不是事实,我没有在南京杀人。"

检察官拿出田中军吉挥舞军刀砍中国人脑袋的照片:"东京报纸上印着你的照片,说你作战很勇敢啊。你否认这张照片吗?"田中军吉说:"照片上的人似乎很像我本人,不过并不是我……"

1947年12月18日, 南京军事法庭决定将战犯田中军吉与向井敏明、野田岩合并审判。田中军吉在法庭上百般抵赖,绝望之中忽然看到他在照片上只穿着内衣,就抓住这根稻草辩解说:法官先生请看照片,我系穿衬衫,显在夏天,而攻占南京却是在冬天,可见该照片仅能证明本人在另一地方斩杀一人,不能以此证明我在南京杀了300人。"

法官龙钟煜当即严词驳斥说:"被告所言纯属狡辩之词,要知道他在挥刀奋力猛斩之际,为便利动作,纵在冬令脱卸外衣,本属常事,而且连续斩杀300余人,怎能不热?事实俱在,已不容斤斤执此,希图避就,且其参与南京大屠杀之事实,已属众证确凿,有如上述,更奚容借端狡辩之余地!"

田中军吉被驳得哑口无言,南京军事法庭严肃作出判决,判处田中军吉死刑。

# 第七章 警惕！战后日本的军国主义幽灵

虽然南京大屠杀国际上已有定论，许多曾在南京附近作战的日籍老兵都承认南京大屠杀的存在。许多日本人，对此也多抱承认立场。但日本政府始终否认罪行，不少未经历侵华战争的日本人也否认南京大屠杀。因观点与政治立场不同，日本人对南京大屠杀有不同解读法，对死伤人数，有二十多万人、四万、数千、数百乃至完全否定各种说法。警惕日本军国主义幽灵的复活，依然是历史留给我们的任务！

## 战后日本关于南京大屠杀的诉讼和公众事件

战后日本，一直存在否认"南京大屠杀"的思想逆流。1965 年，日本历史学家家永三郎起诉日本教科书审查部门大幅删改掩饰日军在南京大屠杀和整个侵华战争中的暴行描写。1970 年，东京地区法院法官杉本良吉裁决，教科书审查不得超出纠正事实及印刷错误的范围，家永胜诉，右翼极端分子向律师、法官和家永本人威胁要暗杀他们。

1973 年日本作家铃木明出版《南京大屠杀之无稽谈》首次指出"百人斩"为虚构。此后在日本，关于"百人斩"是否属实成为争论的话题。2005 年，参与百人斩的两名日军军官向井敏明和野田毅的 3 名遗属，向东京地方法院控告《东京朝日新闻》于 1937 年 11 至 12 月间的报道失实，和《朝日新闻》于 1971 年出版的《中国之旅》一书中所提及关于两名军人的"百人斩"竞赛失实并损害其名誉，向该两出版社索偿 3600 万日元。

1977 年，日本文部省在一个标准历史书中把二战中日本给战争对方造成的伤亡、日本的战争暴行、强行将中国及朝鲜犯人送往日本劳动营的内容删去，只留下了一些美国轰炸东京的照片、一幅广岛废墟的照片和一份日本战争死亡人数的统计表。

1983 年，中国修建侵华日军南京大屠杀遇难同胞纪念馆的消息传出后，日右翼针对此馆就史实问题发起第二轮攻击。1984 年，日本拓殖大学讲师田中正明写了《南京大屠杀之虚构》一书，几乎将所有南京大屠杀史实歪曲为"虚构的历史"。

屠刀下的花季

田中该书核心问题，是南京大屠杀人数。田中正明"引经据典"说："当时南京市民20万，防卫队5万，即使一个没剩全杀掉，也只不过是二十几万，为何说杀害了三十几万呢？"对于田中的置疑，中国学者如张宪文、孙宅巍等认为，必须解决两个问题：一是1937年侵华日军进入南京时，南京市到底有多少人口。二是从科学的角度分析，到底有多少同胞被屠杀。田中正明将南京城内安全区人口20万当成了全城人口，而史料表明，当年日军进城时，南京总人数达60万至70万人。实际上，根据1937年10月国民党政府内政部公函统计数字，1937年6月南京市人口有200160户，共1015450人，即便减去日军占领前夕的逃难者，当时南京仍有60多万人，而"国际安全区"的人口才是约20万。第二个问题由于历史已过去近50年，精确查考已不可能。但是，掩埋尸体工作有详细记载，尸体掩埋分4个渠道进行：各慈善团体埋尸18.5万人，市民群体埋尸3.5万人，伪政府收掩7000多具，日本军队动用军队掩埋和毁尸灭迹15万具。"4个渠道加起来，有近40万人。排除4个渠道有互相交叉的地方，且阵亡中国士兵也不能计算在内，众多学者认为，被屠杀同胞应是"30万人以上"。这一研究成果，有力回击了日本右翼学者的猖狂进攻。

然而，事情远没有结束，一直到今天，许多日本学者和政要，依然否认"南京大屠杀"存在。1986年9月，日本文部大臣藤尾正行宣称南京暴行不是战争罪行而"仅仅是战争的一部分"，并说1910年日本对朝鲜的吞并是朝鲜心甘情愿地成为殖民地，发言当日被

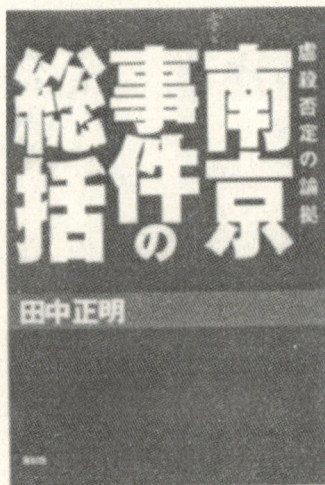

图为《"南京大屠杀"总结》书影。田中正明称，"松井大将是因有南京大屠杀这一捏造的诬蔑而获罪，东京审判被判死刑的"，"日本是为了保护居住民，即为自卫自存而不得不出兵战斗的"。"保护侨民"是日本自加入八国联军入侵中国后惯用的侵略中国借口。而日本在占领上海后，松井作战任务的名目便由原来的"保护侨民"变为"挫败敌人战斗意志"、"占领南京"、"迫使中国屈服"。

日本首相中曾根康弘免职。1988 年春,战时特别高等警察课(特高课)课长、二战后法务大臣、文部大臣、日本国土厅首脑奥野诚亮否认南京大屠杀,"东京审判无效",要从舆论上"再审东京审判",遭到日本国内外舆论抨击,当年 5 月被迫辞职。

东京知事石原慎太郎 1990 年在接受采访时说:"人们说日本人在那里(指南京)搞了一次大屠杀,但那不是真的。它是中国人编造的故事。"索尼公司董事长盛田昭夫、自民党国会议员石原慎太郎等人撰写的《日本可以说"不"》、《日本还要说"不"》、《日本坚决说"不"》3 本书中说道:"无端挑起战争的好战的日本人,制造南京大屠杀的残暴的日本人,这就是人们对日本人的两个误解,也是'敲打日本'的两个根由,我们必须采取措施消除它。"

2000 年 1 月 23 日,日本大阪国际和平中心,会聚了 200 余名日本极端右翼分子,一场名为"20 世纪的最大谎言——彻底检验南京大屠杀"的集会举行。它不但全盘否定了南京大屠杀这回事,甚至还反咬一口,把南京大屠杀形容为"20 世纪的最大谎言"。

与此同时,有关"南京大屠杀幸存者"的诉讼案也在日本发生了。李秀英生于 1918 年 1 月 1 日,是侵华日军南京大屠杀暴行的历史证人。1937 年 12 月 19 日,怀有身孕的李秀英因不甘受辱与日本兵殊死搏斗身中 37 刀,当时,她被父亲送进南京鼓楼医院,经美国医生罗伯特·威尔逊救治,保住生命,但胎儿却因此流产。1947 年,李秀英曾在南京军事法庭审判南京大屠杀主犯谷寿夫案中出庭作证。她还远赴日本,参加和平集会,控

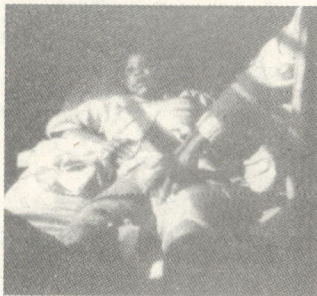

因反抗日军强奸而被刺 30 多刀并流产的李秀英在鼓楼医院医治情形。

屠刀下的花季

诉日军暴行。

1995 年 8 月 7 日，李秀英和日本两名731 细菌部队活体实验的亲属以及永安无差别轰炸受害人高雄飞等向东京地方法院提起诉讼。1998 年 12 月，日本人松村俊夫迎合日本右翼否定南京大屠杀史实的需要，公开出版《南京虐杀的大疑问》，指责南京大屠杀的幸存者李秀英、夏淑琴为"假证人"，意在否定整个南京大屠杀。

李秀英在演讲控诉日军暴行

面对日本右翼势力的诽谤，1999 年，李秀英毅然向日本东京地方法院起诉日本右翼分子松村俊夫毁坏名誉权，要求松村俊夫和出版商赔偿损失 1200 万日元。经过两年多 8 轮法庭辩论，2002 年 5 月 10 日，东京地方法院作出判决，宣布李秀英胜诉，判令松村向李秀英支付 150 万日元赔偿金，取得一、二审胜诉，有力地批驳了日本右翼势力企图否认南京大屠杀历史的行径。

## "拜鬼"还是"招魂"：靖国神社与参拜事件

神道，原是日本传统宗教，以自然崇拜为主，视自然界各种动植物为神。

日本的神社是神道祭祀神灵所在。靖国神社与一般神社不同，它祭祀对象是死在战场上的军人。1869 年，明治天皇为纪念帮助他建立明治政府的战死者，创立"东京招魂社"。1879 年正式更名为"靖国神社"。靖国神社从一开始就确立了其对那些为天皇而死的军人招魂的特性。靖国神社里供奉着246 万多亡灵，其中有 210 万死于二战。1978

日本古代神道传说

明治初年，兴"废佛毁释运动"。神道教成为国家宗教。明治政府虽承认信教自由，但崇拜神道教成为日本国民的义务，成为统治国民的手段，并将天皇崇拜与神社信仰一体化，日语中称为"国家神道"。

靖国神社的外部照片

年，靖国神社利用举行秋祭的机会，把东条英机、板垣征四郎等14名二战甲级战犯的亡灵，以"昭和殉难者"的名义偷偷弄进靖国神社。

靖国神社坐落在日本东京九段北。迎面是一个"开"字形"鸟居"建筑。神社纪念馆还摆放着二战时期日本军队的零式战斗机，纪念馆外则立着军舰、战马。四周雕刻着日本历次对外战争的代表性场面。其中一幅描绘的是中日甲午海战，一幅是抗日战争时期日军入侵上海。陈列馆里也有大量当年侵华日军的武器、战利品、遗物、遗书和照片。

早在日本投降前，改造日本就被列入了美国的考虑日程。美军登陆日本不久，美国兵闯进靖国神社，但被罗马教廷驻日特使比特鲁神父阻止。

朝鲜战争爆发使美国占领政策彻底改变，因为日本要成为在亚洲的共产主义"防波堤"。1955年，日本议会通过《战犯释放问题》决议案，先是全部甲级战犯被释放，到1958年，乙、丙级战犯亦全部释放，这些人多数重回政界和商界。譬如1957年担任首相的岸信介就是甲级战犯。

1955年，靖国神社联合日本各地的护国神社要求日本遗族会给予支持，向日本政府提出"靖国神社国营化"。1959年，靖国神社举行盛大仪式，声称在太平洋战争中阵亡的全体人员已合祀在靖国神社。1964年，8月15日的"追悼阵亡者仪式"在靖国神社中举行，日本政府为在1945年后因日本投降而未被授勋的205万战争阵亡者重新授勋。1978年10月，14名甲级战犯被靖国神社合祀，终于使靖国神社成为国际焦点。

屠刀下的花季

# 参拜引发危机不断

靖国神社内部有关"南京大屠杀"的展板

自 1975 年起，日本历届在任首相均以"私人身份"到靖国神社参拜。1975 年 8 月 15 日，首相三木武夫在出席全国阵亡者追悼仪式后，前往靖国神社参拜，声称属于私人性质，开日本首相在 8 月 15 日参拜靖国神社先河。此后，日本首相和大臣，常有人去靖国神社参拜。日本首相小泉纯一郎分别 6 次参拜靖国神社。中国外交部发表声明强烈抗议小泉参拜靖国神社。福冈地方法院和大阪高等法院分别于 2004 年 4 月和 2005 年 9 月对小泉参拜靖国神社作出违宪判决。

政治人物参拜靖国神社有历史、文化及宗教等因素，但参拜这种供奉有二战甲级战犯牌位的国家级的神社，政治因素普遍被认为是其中的主要因素。例如有分析指出，小泉纯一郎的参拜就与日本遗族会的不断催促，换取日本遗族会的支持与选票有关。参拜靖国神社也同时被外界——特别是中国、朝鲜及韩国等二战中被日本侵略的国家，认为是日本领导人对右翼观点的认同，而不能对日本的侵略历史进行反省。

日本的靖国神社已存在近一个半世纪了。从 19 世纪末，日本发动对外侵略战争后，靖国神社的性质已明显改变。它成了颂扬侵略战争的陈列馆，变成替军国主义亡灵招魂的招魂社。膜拜靖国神社实际肯定了近 100 多年日本的对外侵略扩张。

《菊与刀》（本尼迪克特著）出版于 1946 年，其中对日本国民性的分析今天仍具意义。"菊"是日本皇室族徽，"刀"是武士文化的象征，该书象征了日本人的矛盾性格和日本文化的双重性——生性好斗而又温和谦让；穷兵黩武又崇尚美感；桀骜自大又彬彬有礼；驯服又不愿受人摆布；忠贞不贰又心存叛逆；勇敢又怯懦。虽然日本在历史上曾多层次"克隆"中国文化，但实际却贬抑中国人道德价值观的核心；虽然大量引入西方观念，骨子里却是与西方的"罪感文化"完全不同的"耻感文化"。

2006 年 8 月 15 日,日本首相小泉纯一郎再次参拜靖国神社,民众进行抗议。

# "事件"还是"大屠杀":日本教科书问题

近代以来,日本军国主义对中国发动两次大规模侵略战争,给中国人民带来了深重灾难,特别是抗日战争期间的"南京大屠杀"。可时至今日,日本国内极右翼分子拒不认罪,反反复复的教科书事件就是日本军国主义阴魂不散的明显表现。在日本现行市场有很大占有率的 7 种中学历史教科书内都竭力回避侵华战争的记述,淡化战争暴行。

## ✹教科书事件的四次高潮

自二战结束,日本与亚洲各国有关修改历史教科书的斗争从未停止过。

**第一次高潮:1955 年 ~ 1965 年。**

1955 年,日本执政的民主党开始对战后日本教科书提出批评。该党发表《值得忧虑的教科书问题》专集称:某教科书"日本'侵略大陆史'占了大部分……事态已发展到不能坐视的阶段。"

同年,日本文部省加强了对历史教科书的审定,许多初中、高中教科书被审定为"不合格"。1956 年,日本政府为加强审定工作,建立起教科书调查官制度。1957 年,原东条英机内阁工商大臣、前战犯岸信介上台执政,他宣称,对"大东亚共荣圈"的批判"从根本上是错误的","因为它对亚洲的民族独立,或者说摆脱殖民政策发挥了作用","东南亚各国对此还曾有感激之情"。在此背景下,发生了

屠刀下的花季

"家永三郎教科书事件"。

**第二次高潮：1982 年～1986 年。**

1980 年右翼团体"协和协会"挑头改正日本历史教科书"偏颇"。1981 年，部分日本国会议员组成"教科书协议会"，要求文部省全面修改历史教科书。1982 年 6 月，文部省审定中小学历史教科书时，竭力要求淡化对日本侵略历史的记述。这一行径遭到了日本进步人士的强烈反对和中韩等国抗议。

然而，日本右翼势力不甘失败，铃木访华刚结束，右翼团体"保卫日本国民会议"便开始炮制内容更为恶劣的教科书，进行反扑。1985 年 8 月，他们完成高中历史教科书《新编日本史》，送交文部省审定。该书把南京大屠杀说成是"尚无定论"，把日本发动侵华战争美化成"从欧洲列强的统治下解放亚洲，在日本领导下建立大东亚共荣圈"。1986 年 5 月，该书被文部省审定为"合格"。这件事引起日本在野党和各界人士强烈反对。

**第三次高潮：20 世纪 90 年代。**

20 世纪 90 年代以来，日本变本加厉地编造美化侵略历史的教科书。1994 年，东京大学教育系教授藤冈信胜等人公开要求从教科书中删除关于日本侵略暴行的记述，进行"现代历史课程改革"。1997 年 1 月 30 日，日本电通大学教授西尾干二、东京大学教授藤冈信胜、右翼漫画家小林善纪、明星大学教授高桥史郎等人，牵头成立"新历史教科书编纂会"（以下简称编纂会），并着手炮制了以他们错误历史观为基准的教科书。

关于南京大屠杀，教科书在《日中战争》一节的正文中的括号内加了一句话："那时，日本军队导致民众中也出现了很多死伤者，

家永三郎照片

东京教育大学教授家永三郎主编教科书《日本史》记述南京大屠杀、日本 731 部队等。文部省却引用右翼书籍要求他删改，1963 年把《日本史》定为不合格。家永教授不服，从 1965 年状告文部省行为违反宪法和《教育基本法》，几经反复，直到 1997 年日本最高法院终审才判他胜诉。

家永三郎自传，石晓军、刘燕等译，新星出版社，2005 年 5 月版。

扶桑出版社,新历史教科书

关于甲午战争爆发的原因,2001 年版教科书不提日本首先在丰岛海面袭击清军,而用暧昧的"日清两军发生冲突,日清战争开始了"。2005 年送审本则变为:"清不想失掉最后的朝贡国朝鲜,开始将日本作为敌人。日本进行日清和日俄两场战争,就是由于东亚的这种国际关系。"

这就是南京事件",将大屠杀以"事件"一词轻轻带过,但是在介绍远东国际军事法庭时,又以稍小的字体介绍:"东京审判认定日本军队在 1937 年的日中战争中占领南京时杀害了很多中国民众。但是关于事件的实际情况,资料上被发现有很多疑点,存在各种见解,现在仍在争论。"这就使括号中的那句话进一步大打折扣。但是,在送审本中,括号中的那句话也被删除了,只是在一张名为"因巷战而遭到破坏的上海市区"的照片上面用小字注解重复了上面的那句话。

**21 世纪以来的第四次高潮。**

2001 年 4 月,日本文部省开始征集 2002 年春审定、2004 年春起使用的中学历史教科书书稿。有 8 家出版社提出的送审稿被文部科学省批准放行。这些书稿在历史描述上均有倒退,尤其是其中由"新历史教科书编撰会"编写、扶桑社出版的《新日本教科书》的书稿严重歪曲历史,鼓吹侵略有理。日本文部科学省的审定结果激起了第四轮"历史教科书"波澜。

2005 年 4 月 5 日,日本文部省在时隔 4 年后再次审定新历史教科书的内容。这本教科书这次更变本加厉,通篇充满了本国中心史观,同时隐瞒加害事实、歪曲侵华历史,肯定日本发动战争是自存自卫的战争,将自己打扮成了受害者。

**篡改历史的教科书遭到各国反对。**

日本右翼教科书出笼后,日本"儿童与教科书全国网络 21 世纪"、"战争与对女性暴力"日本网络、日中韩三国通用历史教材委员会、日本战争责任资料中心、正视历史事实之会、"和平之舟"等 16 个民间团体联合

屠刀下的花季

举行记者招待会,抗议日本文部科学省审定通过"新历史教科书编撰会"编写的篡改历史的教科书。

日本正式审定违反历史教科书的消息传来,南京市民和众多中国学者专家,也纷纷表示强烈抗议。他们认为,日本这种对历史不负责任的态度伤害了许多亚洲国家人民的感情,如不及时纠正,日本很有可能会重蹈二战覆辙,走上一条不归路。

韩国、菲律宾、新加坡等东南亚国家,也对日本教科书事件表示了愤慨和声讨。

## "民族复兴"还是"重走侵略路":日本新军国主义和文化右翼

冷战后,随着保守主义思潮上扬,日本"新右翼政治群体"粉墨登场。这些"穿西服的右翼"不同于那些舞刀弄枪的右翼团伙。他们打着维护日本民族利益、实现国家战略等蛊惑人心的旗号,不断否定和平宪法,损毁民主政治基础,毒化社会思潮,成为今天日本社会十分活跃而危险的毒素。之所以称现行的右倾保守势力为"新右翼",以区别于二战前的传统右翼,是考虑到二者之间的继承和发展关系。新右翼始于日本战败后,被迫接受美军占领支配时,在欧美文化大举进入的时候,如何找到日本人新的自我认同意识成为新右翼思潮发展的动力。上世纪60年代,"反安保"等左翼运动如火如荼的时候,江藤淳等一批鼓吹日本思想、亚洲式思考的文人相继走上论坛,这可以认为是日本

为抵制日本右翼教科书的影响,中、日、韩3国有良知的学者共同主编了东亚三国近现代史,以3国普通读者为阅读对象,以浅显流畅的文字尽可能全面地介绍中日韩3国在近代走过的历程,对于3国历史,尤其是中韩与日本之间侵略与反侵略的历史进行了全面、客观公正的介绍。(上图为日本版本,下图为中国版本)

日本教科书事件激起民众愤怒

韩国抗议者在日本驻韩国大使馆前烧毁日歪曲历史的教科书。

新右翼的成立宣言,也代表了日后日本右翼主流派的形成。新右翼政治群体极力标榜自己"全新的政治理念"。他们放弃了被众多传统右翼奉为圭臬的天皇至上制,而是从象征天皇制出发,把旧的皇国思想改造为"使天皇成为全体日本公民的精神"。

应该看到,美国对新右翼的成长负有责任。出于冷战需要,美国的对日占领政策发生了巨大变化。为把日本变为美国在亚洲的军事基地和"亚洲的反共据点"进而成为全球战略的重要支柱,美国迅速改变了在占领日本初期推行的比较彻底的"非军事化"、"民主化"政策。1951 年 9 月 8 日,在旧金山签订了片面对日和约和军事性的《日美安全条约》。在此之前,从 1950 年 10 月开始解除了对战犯、旧军人、右翼头子、特高警察和宪兵的"整肃"。在这种情况下,老右翼团体陆续复活,新右翼团体大量涌现,新老右翼逐渐联合起来,右翼运动由沉寂复活进入猖狂活动时期。到 1951 年夏天已达到 540 个,其中较为固定的有 266 个。到 1957 年,有 102 个发展成为大型的右翼团体。这些右翼团体大多反对共产主义,主张以天皇制为中心。它们虽然说要适应战后形势、实现民主主义,有的甚至标新立异地起名为"原子党",但他们的实际活动与民主主义毫不相干。新生的右翼组织除在战后初期就一直残留下来的"日本革命菊旗会"和"大和党"外,比较有名的是"救国青年联盟"、"民族新生运动"、"国民党"、"日本白杨亲睦会"、"海友会"、"日本第三民主同盟"、"国家社会主义劳动党"等。

在右翼组织的压力下,越来越多的政治人物以"公职参拜"回应他们的政治要求。日

屠刀下的花季

本首相小泉纯一郎多次不顾国内及亚洲国家的反对参拜靖国神社。由保守派组成的"大家都来参拜靖国神社国会议员会"的180多名议员和代理人又集体到靖国神社祭祀战犯亡灵。在歪曲、割断历史的同时,新右翼政治群体不断要求实现政治大国和军事大国地位。在社会上颇有影响的右派评论家长谷川庆太郎发表题为《世界新秩序与日本》的文章,极力散布"中国对日本的威胁已经取代了苏联对日本的威胁"。

日本新右翼分子

"九一一"事件后,日本右翼势力利用反恐潮流,继《PKO法案》、《周边事态法案》之后,又强行通过了《反恐特别措施法案》,突破"专守防卫"限制,把自卫队活动半径扩大到全球。最近,新右翼政治势力凭借国会中的多数地位,通过了所谓"有事三法案",还试图在"伊拉克战后复兴支援"的名义下,把武装的自卫队派遣到中东地区。

日本右翼分子招摇过市

## ✳文化右翼的出现

与右翼政治势力遥相呼应,思想文化领域里的"文化右翼"队伍也在不断膨胀。泡沫经济崩溃后的十几年中,日本经济持续低迷,打着"维护民族利益"旗号的新右翼的政治理念却乘虚而入。2000年,文化右翼炮制出美化战争罪犯东条英机的电影《自尊:命运的瞬间》,竟然获得当年最高票房。藤冈信胜、西部迈、西尾干二、小林善纪等人大量出版否定侵略战争历史的书籍,也在公众中大行其道,有的文化右翼,甚至凭借自己的文化影响力,在攫取了地方政治权力后,肆意贩卖右翼言论。

2000年,石原慎太郎出任东京都知事

小林善纪,右翼漫画家,1953年出生在福冈,开创了所谓"傲骨精神宣言"漫画。《战争论》否定对日本军国主义的指控,诬陷亚洲国家"捏造"南京大屠杀和慰安妇事件。

石原慎太郎，日本右翼政客，小说家。1932 年 9 月生于神户。1955 年出版短篇小说《太阳的季节》，获得第一届文学界新人奖和芥川文学奖。1968 年在参议院议员选举中，以超纪录的 300 万票当选，后曾任环境厅长官。70 年代初组成"青岚会"，自任干事长，鼓吹复活军国主义。这一时期，他的作品中政治色彩浓厚，如在《挑战》(1959 年)和《日本零年》(1960 年)中，推崇战前积极为军国主义掠夺殖民地效劳的人物，宣扬他们的冒险精神，把日本的希望寄托于这类人物。1999 年当选东京都知事。

后，频频发表排外言论，他直言不讳地将日本经济的困境归咎于"美国的掠夺"和"中国的逼迫"。2003 年 4 月，石原又在"日本政治晴雨表"的东京都知事选举中击败了以和平主义作为竞选形象的著名女评论家木口惠子，高票连任。2003 年 7 月 17 日，石原慎太郎又称东京发生的犯罪绝大多数是"支那"人干的，应该将他们抓起来遣送回去，至于费用，可以削减日本政府的援助贷款。石原还公然说，"'支那'这个词绝不是坏词语，可以堂堂正正地拿来使用"。

应该看到，日本新右翼的成长，伴随着日本谋求大国地位的企图。但是，在目前日本否认侵略历史、美化战争的情况下，日本谋求"正常国家"的希望总是落空。一方面，在美日同盟中越陷越深，不能独立自主地行使国家的外交和军事权力。另一方面，这又刺激日本，变本加厉地为过去的罪行"遮丑"。其实，无论篡改历史，还是建立有事法制的军事扩张体制，日本新右翼政治群体的最终目的是要修改和平宪法，从根本上扭转日本的国家发展道路。以石原慎太郎为首的改宪派公然说："国会要做的就是否定现行宪法"。随着日本经济、政治上困境日益严重，一个潜在的由各种右翼势力参与导演的政治"保守化、右倾化"圈子正在浮出水面。

屠刀下的花季

# 第八章　以史为鉴　面向未来

## 美丽的新南京

千年风流、历尽沧桑的南京，终于迎来了新中国，迎来了新生。现在的南京，在中国共产党的领导下，再也不是那个战火和硝烟之中的南京，再也不是那个蒙受着屈辱和苦难的南京，而是一个历史悠久、文化名胜繁多的文明古城，一个真正现代化、国际化的大都市。南京这近几十年的发展，以雄辩的事实证明着共产党人的丰功伟绩，歌颂着祖国的大好山河！

南京长江大桥是新中国的骄傲。它建成于 1968 年，位于南京市西北面长江上，连通市区与浦口区，是长江上第一座由我国自行设计建造的双层式铁路、公路两用桥。1968 年 12 月 29 日竣工。上层的公路桥长 4589 米，车行道宽 15 米，可容 4 辆大型汽车并行。正桥的桥孔跨度达 160 米，桥下可行万吨巨轮。整座大桥如彩虹凌空江上，十分壮观。每当夜幕降临，桥栏杆上 1048 盏泛光灯齐放，桥墩上 540 盏金属卤素灯把江面照得如同白昼，加上公路桥上 150 对玉兰花灯齐明，桥头堡和大型雕塑上 228 盏钠灯使大桥像一串夜明珠横跨江上，绵延 10 余里，真是"疑是银河落九天"！60 年代，南京长江大桥，曾以"最长的公铁两用桥"被载入《吉尼斯世界记录大全》。

南京目前是中国东部地区重要的综合性工业基地，工业基础扎实，已形成了以电

南京长江大桥

新生圩港

扬子乙烯工程

南京城墙

子、汽车、化工和一批地方特色产品为主导的综合性工业体系。随着扬子乙烯工程,梅山钢厂等巨型骨干企业的建成,南京作为中心城市的吸引力和辐射力已进一步增强。南京新生圩港可进出两万吨级海轮,为全国最大的河港。南京现拥有国家级的高新技术开发区、经济技术开发区、化工园区和江宁开发区。

在城市建设方面,南京市内历史形成的城市中轴线和主干街道保持不变,如元朝、南唐以来形成的自中华门内至后宰门的皇城中轴线,以及民国形成的自中山码头至中山陵的"迎柩大道"干线等。现存明代南京城垣是体现古都特色的重要标志,南京市结合旅游开发,建成"南京城墙风光带"。

南京是明初都城,东傍钟山,西据石头城,南凭秦淮,北控后湖,周长 48 公里。规模宏大,气势雄伟,不仅是我国现存古代第一座大城, 在世界城垣建筑史上也是首屈一指。公元 1366 年, 明太祖朱元璋听取朱升"高筑墙"的建议,始筑都城垣,至 1386 年竣工,前后达 21 年之久。建筑规模宏大,城基宽 14 米,高 14~21 米,有垛口 13616 个,窝铺 200 座,城门 13 座,现存的 21.351 公里城墙,虽已历经 600 年风雨,仍巍然无恙。近年已陆续修复中华门、台城等段,并建南京城垣博物馆,成为一处独特的人文景观。

南京的城北地区和以新街口为中心的商业区系民国时期所开辟,已有相当数量的现代建筑,则继续发展这种优势,保留若干具有代表性民国时期建筑。

南京市的教育也得到了空前规模的发展。新中国政府十分重视南京的教育,特别

屠刀下的花季

是青少年的教育。2006年，南京市有小学419所，在校学生305134人；初中156所，在校学生216596人。全市新增投入6400万元，全面实行义务教育免收杂费。目前，全市共有青少年教育基地230个，2个少儿图书馆，59个儿童校外活动场所，比"九五"末期增加了51个，每个区县都设立了儿童校外活动场所，丰富和活跃了广大儿童的知识和课外生活。儿童福利事业有较大进展。2005年，全市共有390所各种福利事业单位，社会性福利院11所，2所儿童福利院。中华人民共和国成立后，原南京大学合并金陵大学、金陵女子文理学院以及其他院校的一些院系，成立了多所高等院校，如今天的南京大学、东南大学、南京师范大学。此外，还有南京理工大学、南京航空航天大学等校。全市拥有各类高校38所（不含部队院校），在校学生40多万人，独立研究与开发机构114个，科技人才30多万，两院院士73人。南京大学、南京师范大学等一批大学，已经建设成为全国知名的一流大学，并在国际上有着广泛的影响。

南京市博物馆

现代化的南京市

近年来，南京以建设"充满经济活力、富有文化特色、人居环境优良"的现代化中心城市为目标，加快发展，加快改革，加快开放，城市的综合竞争力和现代化水平不断提高。2004年全市地区生产总值和财政收入同比分别增长了17.3%和27.6%，2006年GDP为2774亿元，比2005年增长15.1%。在中国城市综合实力排名中名列第六位。当前和今后一个时期，南京将按照党中央的要求，在协调发展中构建和谐社会，加快推进"博爱南京、文化南京、平安南京、和谐南京"进程，积

南京中山陵

极创建"三个文明"协调发展特色区域,努力实现富民强市和全面小康社会目标,率先基本实现现代化。

# 新中国对南京大屠杀的态度

中华人民共和国建国以来,历代领导人都对南京大屠杀的问题高度重视,并以此作为爱国主义教育的一个重要部分。我们敬爱的周恩来总理曾经说过:"我们可以原谅,但是,我们绝不能忘记。"特别是改革开放以来,党和政府不仅动用大量资金修建侵华日军南京大屠杀遇难同胞纪念馆,而且在学术界、文化界发起了延续至今的"南京大屠杀"研究热,并给予物质和精神上的大力支持。在外交方面,我国秉承着老一代领导人"以史为鉴、面向未来"的态度,以宣传和平发展为目的,以阐明历史真相、尊重历史事实为出发点,坚决反对任何国家,以任何形式否认南京大屠杀的存在,歪曲历史史实的做法,赢得了国际社会的广泛赞誉。

### 建国后新中国对南京大屠杀问题的重视

1949 年 10 月中华人民共和国建立后,将民国时期的旧法予以废除,但是,在对南京大屠杀暴行及其规模的认定上,中国共产党却本着实事求是的精神,基本上接受了国民政府的有关法律裁决。1950 年 2 月 20 日,作为中央直辖市的南京市,其中共南京市委机关报《新华日报》发表社论称:"南京人民没有忘记十三年前悲惨绝顶的南京大屠杀,中华门外血流成渠,雨花路边尸体如山,三十万以上的善良人民遭受了杀戮。"① 3 月 11 日,南京市第二届人民代表会议协商委员会和中国人民保卫世界和平反对美国侵略委员会南京分会及各人民团体还联合召开大会,"纪念在'南京大屠杀'中惨遭日本军国主义屠杀的 30 万同胞,反对美国帝国主义武装日本"②。中共中央机关报《人民日报》于同年 4 月 8 日发表署名文章写道:"人们怎么能够设想可以叫南京人民忘记 1937 年 12 月 13 日开始达一月之久的 30 万人的大屠杀?"③ 上世纪 80 年代初期,南京市政协文史资料研究委员会编

---

① 社论:《南京人民行动起来,坚决反对美帝重新武装日本》,《新华日报》1951 年 2 月 20 日。

② 南京市档案馆编:《半个世纪的足迹》,江苏古籍出版社 1999 年版,第 25 页。

③ 长江:《拥护缔结和平公约,坚决反对武装日本》,《人民日报》1951 年 4 月 8 日。

屠刀下的花季

辑了《侵华日军南京大屠杀史料专辑》，作为新中国建立后介绍南京大屠杀的书籍，首次客观、完整地介绍了中外军事法庭对南京大屠杀的审判，再次确认关于"30余万人"的认定。①在结束了"文化大革命"的动乱之后，自1983年底起，由中共南京市委、南京市政府直接负责，建立"南京大屠杀"编史、建馆、立碑领导小组和"南京大屠杀"史料编辑委员会。经过4年的努力，发现、调查了1700名南京大屠杀幸存者和目击者，建成了"侵华日军南京大屠杀遇难同胞纪念馆"，设立了15处(至2003年增加至17处)南京大屠杀遗址纪念碑，出版了《侵华日军南京大屠杀史稿》、《侵华日军南京大屠杀史料》和《侵华日军南京大屠杀档案》等配套书籍。这一巨大的系统工程，在经历了50年代至70年代间曾经有34万人、40万人、50万人等多种不同说法之后，向全世界宣告了中国官方、公众和学术界经过认真、深入调查和研究，所形成的一个具有全新内涵的共识，即：南京大屠杀遇难人数在30万人以上。"遇难者300000"的巨大黑字，用中、英、日三国文字庄严镌刻在纪念馆入口的墙壁上。自80年代以来，《人民日报》不断发表署名文章，均将南京大屠杀遇难人数定格在"30万人以上"的规模上。②

侵华日军南京大屠杀遇难
同胞纪念馆和平大钟

侵华日军南京大屠杀遇难同
胞纪念馆一侧

---

① 南京市政协文史资料研究委员会编，《史料选辑》第4辑，1983年版，第5页。

② 见张益锦：《南京大屠杀史实不容否认》，《人民日报》1990年11月18日；王霞林、孙宅巍：《侵华日军南京大屠杀铁证如山》，《人民日报》1995年8月31日；朱成山：《蓄意地抹杀、无耻的诡辩》，《人民日报》，2001年3月6日日文版。

**伟人邓小平倡导建立侵华日军南京大屠杀遇难同胞纪念馆。**①

1982 年,日本文部省将中学历史教科书中"侵略"中国,改为"进入"中国,妄图以此篡改侵略历史,激起了我国人民的愤怒,人们纷纷以各种方式,抗议日本政府否认侵华史实的卑劣做法。与此同时,南京大屠杀的幸存者和遗属,以及南京大学、北京大学等高校的师生,有的上书中央领导,有的给江苏省和南京市领导写信,要求尽快建馆立碑,"把南京大屠杀血的历史铭刻在南京的土地上"。是的,虽然抗日战争胜利了,但由于种种原因,"南京大屠杀",这个发生在中国人民身上的惨痛一幕,却没有像"犹太人大屠杀"一样,留下一座博物馆,这真是历史的空白和遗憾。

恰在这个时候,当时主持中央工作的邓小平同志指示说:"日本岸信介到处树碑,我们也要给他树碑,树他侵略之碑。"岸信介系日本前首相,曾是远东国际军事法庭甲级战犯嫌疑犯。在他连续担任两届日本内阁总理大臣期间,曾粉饰加害历史,掩盖日本侵略罪行。邓小平同志一针见血地指出岸信介为军国主义树碑立传的实质,针锋相对地提出要"树他侵略之碑",实际上是在原则问题上不让步的范例,同时也展示了伟人的爱国情怀。江苏省和南京市政府顺应领袖和人民的呼声,决定将建馆、立碑和编史三件大事同时抓起来。建馆——开始着手筹建南京大屠杀遇难同胞纪念馆;立碑——要在南京大屠

伟人邓小平

---

① 部分文字来自侵华日军南京大屠杀遇难同胞纪念馆。

第八章 以史为鉴 面向未来

屠刀下的花季

杀遇难同胞主要遇难地或丛葬地分别树立纪念碑;编史——组织一批历史专家,编写南京大屠杀史料书籍。

建馆首先要选址。历史上的江东门是南京城郊区的小镇。据史料记载,1937年12月16日,侵华日军将囚禁在陆军监狱的一万多名被俘的中国军人,以及从城西一带抓获的居民,从监狱内分批驱赶出来,在东至大士茶亭西到江东河约一华里范围内,用机枪扫射,实行集体屠杀,遇难同胞的遗体暴尸一个多月后,大约在1938年1月左右,被红卍字会就近收埋于江东门两大土坑和一条壕沟内,故称江东门万人坑遗址。为了选址,南京市文管会派专人在此试探发掘,很快发掘出大量遗骨,白骨森森,与历史记载相互印证。经多方征求意见,遂决定在江东门建馆,并于1983年12月13日,即南京大屠杀遇难同胞遇难46周年之际,在江东门举行立奠基碑仪式,正式迈开了建馆的脚步。

编史工作也迅速启动起来。由于历史原因,尽管南京大屠杀事件距当时已46年,但国内有关南京大屠杀的资料除散见于报纸杂志中的零碎资料外,还没有一本由中国人编撰和正式出版的南京大屠杀史料书籍,而在日本,左中右派学者,均有关于南京大屠杀论争的书籍出版。中国学者们意识到,这一不正常的状况必须改变,尽快填补这一历史的空白。

正当南京建馆立碑编史工作蓬勃展开的时候,1985年3月,邓小平同志来南京考察。在东郊5号宾馆内,邓小平同志认真听取了时任江苏省委副书记的柳林同志和南京市市长张耀华同志关于南京筹建侵华日

祭奠广场

万人坑遗址

少年儿童们在参观纪念馆，
并祭奠南京大屠杀遇难者。

军南京大屠杀遇难同胞纪念馆工作情况的汇报后，邓小平同志十分高兴，欣然命笔，在一张长 1.2 米、宽 0.6 米的宣纸上，题写了"侵华日军南京大屠杀遇难同胞纪念馆"16 个大字，字体刚劲有力，错落有致，表达了伟人邓小平同志对筹建该馆肯定和支持的态度。

邓小平同志亲笔为纪念馆题词的消息传至正在建馆立碑编史工作的建筑师、工人和历史学家之后，人们备受鼓舞。为了赶在抗战胜利 40 周年之际建成开馆，这个项目是以"南京市第一个深圳速度"命名、被列入"1985 年南京市十大建设工程"，并由当时市长张耀华同志亲自担任总指挥。为了按时建好这个有意义的工程，张市长几十次亲临现场指挥，就连大年初一也没有休息，和工人们一起奋战在工地上。人们互相支持、通力协作，终于在 1985 年 8 月 15 日，侵华日军南京大屠杀遇难同胞纪念馆和 13 处遇难同胞纪念碑全部建成，正式对外开放。紧接着，《侵华日军南京大屠杀史料》、《侵华日军南京大屠杀史稿》也由江苏古籍出版社正式出版问世。

侵华日军南京大屠杀遇难同胞纪念馆是我国抗日战争系列历史博物馆中第一座博物馆，它的建立对于我们维护抗战史实，宣传爱国主义，抵制别有用心者的歪曲，都具有重要意义。侵华日军南京大屠杀遇难同胞纪念馆建成开放两年后，1987 年 7 月 7日，在北京的卢沟桥，北京市建成了"中国人民抗日战争纪念馆"；1992 年 9 月 18 日，在沈阳市柳条湖旧址，沈阳市建成了"九一八历史博物馆"；随后，哈尔滨市建成了"侵华日军第 731 细菌部队罪证陈列馆"，上海市

屠刀下的花季

建成了"淞沪抗战纪念馆",山东省建成了"台儿庄战役纪念馆",等等,一批抗日战争的博物馆、纪念馆,如雨后春笋般地在中国大地上陆续出现。

该馆的建成,为广大人民群众特别是青少年提供了一处生动的爱国主义教育的基地。面对着累累白骨和惨不忍睹的历史照片,许多群众边参观边流泪,心灵受到极大的震撼。在该馆与70多所院校共建爱国主义教育基地的名单中,除南京大学、东南大学、金陵中学等几十所南京的院校外,北京中关村中学、西安长安大学、山东曲阜师范学院、安徽工业大学和上海静安寺中学、大同中学、市西中学等外省外市的20多所院校也榜上有名,他们每年组织学生来此接受爱国主义教育。这里成为名副其实的全国爱国主义教育基地。

该馆还是维系中日友好的一根纽带。开馆的当天,日本劳动者协会的会长市川诚先生送来一座"镇魂之钟",以钟声告慰和悼念南京大屠杀遇难者的亡灵。日本日中协会从建馆以后翌年开始,每年春天都组织"南京大屠杀献植访中团",日本国民来南京植树,19年来从未间断,这项活动的发起人,老团长菊池善隆故去了,林佑一先生(1972年中日邦交正常化后日本首任驻华公使)、白西绅一郎先生先后接任团长,继续坚持,经他们亲手栽种的梅、榉、桃等树木,已经在南京成活了5万多株,植树访华团的成员换了一茬又一茬,但他们编印的19本观后感书籍的书名一起沿用《绿の赎罪》,表达他们用植树造绿的方式向南京人民乃至中国人民赎罪的初衷。

著名作家大江健三郎来纪念馆参观

加拿大教师团来纪念馆参观

美飞虎队老兵来纪念馆参观

182

由日本日中协会理事长白西绅一郎率领的日本第 21 次悼念南京大屠杀受害者植树访华团，来到侵华日军南京大屠杀遇难同胞纪念馆参观，并举行仪式凭吊遇难亡灵，表达不忘历史、反对战争、共建和平的心愿。图为访问团合影。

日本僧人在万人坑前祈祷

无独有偶，每年的 8 月 15 日，日本"铭心会"访中团像候鸟一样，每年都要准时来该馆举办"把亚洲太平洋地区遭日本侵略受害者铭刻在心"和平集会，也连续坚持了 19 个年头。据统计，建馆以来，来该馆参观的日本观众达 45 万人次，他们中的许多人，正是在这里了解历史真相后，回到日本从事反战和平运动和日中友好活动，如松冈环、由木荣司、山内小夜子、黑田薰等。

该馆已成为国际和平交流的一扇窗口。在该馆大事记上，清楚地留着一批外国领导人来此参观的记录。例如，澳大利亚议长玛格里特·里德，泰国前总理安南·斑雅拉春，韩国前总理卢信永、姜英勋，日本前首相村山富市、海部俊树等。该馆还走出国门，在日本、丹麦、美国的 30 多座城市举办展览和开展和平活动，其中 2001 年 12 月在美国旧金山举办南京大屠杀史实展览时，在圣玛丽诺大教堂举办的和平祈祷仪式，吸引了 3000 多名美国各界人士参与，美国主要传媒 ABC、NBC、CNN，均在第一时间向全球作了报道。2002 年 3 月，由该馆发起并主办的"历史认知与东亚和平论坛"，吸引了中日韩 3 国 118 位历史学家和市民团体负责人的参与。并从南京开始，着手编撰中日韩 3 国共同的历史读本——《东亚历史》。

党和国家领导人也对该馆给予厚爱、关心和支持。建馆以来，党和国家领导人胡锦涛、李鹏、乔石、李瑞环、朱镕基、尉健行、李长春、杨尚昆等，先后来馆视察、参观和指导，特别是 2004 年 5 月 4 日，中共中央总书记、国家主席胡锦涛同志对侵华日军南京大屠杀遇难同胞纪念馆进行视察。在纪念馆，胡总书记细看每一个纪念景观和物品，认真

屠刀下的花季

倾听讲解，并不时提问了解细节。经过"古城的灾难"组合雕塑、刻有遇难者名单的墙壁、万人坑遗址等处，胡总书记都停下脚步，细细参观。在万人坑前，胡锦涛问："你们怎么保护这些遗骨？"纪念馆馆长朱成山研究员回答："目前我们已经对表层遗骨作了保护处理。"当听说保护遗骨的详细方案已经制定，总书记点头表示满意。步出史料陈列厅，胡锦涛停下脚步，语重心长地对在场的随行人员说了三句话："这里是进行爱国主义教育的好地方；任何时候都不要忘记对青少年进行爱国主义教育；无论什么时候都不要忘记惨痛的历史。"总书记的一番话，对该馆全体员工是莫大的鼓舞和鞭策，他们一致表示要把这座由邓小平同志倡导和支持，并得到许多党和国家领导人关注的爱国主义教育基地建设好。因为这既是一种责任，也是一项光荣而神圣的使命。

**免费开放侵华日军南京大屠杀遇难同胞纪念馆，并以此为契机，推动爱国主义教育。**

2004 年，根据国内爱国主义教育的需要，中国共产党领导的中国政府，又毅然拿出大量资金，投入大量人力和物力，修缮、扩充侵华日军南京大屠杀遇难同胞纪念馆，并积极申报联合国人类保护遗址。同时，以此为契机，中国政府又在南京修建了多处遇难者纪念碑，并对全国各地各类抗战纪念馆进行整修。为了更好地介绍南京大屠杀罪行，弘扬爱国主义，中国政府还特将侵华日军南京大屠杀遇难同胞纪念馆改为国家拨款、免费开放的爱国主义基地。此举得到了全国人民的拥护和全世界爱好和平人士的赞扬，也引起了一些右翼分子的恐慌。

日本神户心连心访问团在侵华日军南京大屠杀遇难同胞纪念馆前集会

小学生给汉中门侵华日军南京大屠杀遇难同胞纪念碑涂漆

2004年3月1日，中国外交部特就免费开放侵华日军南京大屠杀遇难同胞纪念馆事宜召开记者招待会。

刘建超指出，侵华日军南京大屠杀遇难同胞纪念馆向公众开放，无论是免费的还是收费的，根本目的都是加强对国民历史史实的教育。在回答记者有关"免费开放和日本政要参拜靖国神社的关系"，以及"中日关系走向"的时候，刘又说，博物馆或纪念馆收费还是免票，都是正常的。通过参观，大家能更加珍惜中日之间目前存在的睦邻、友好合作关系，继续坚持世世代代友好下去的思想，永不再战，使中日关系能够造福两国人民，能够造福两国人民的子孙后代。

## 以史为鉴面向未来
## 勿忘国耻振兴中华

我们可以原谅，但是，我们绝不能忘却。
——周恩来

图为外交部发言人刘建超就免费开放侵华日军南京大屠杀遇难同胞纪念馆答记者问

亲爱的朋友们，在前文中，你们看到了侵略者对南京的踩躏和破坏，对无辜平民，尤其是青少年们的残忍杀害。你们也看到了，南京大屠杀前后，热血同胞们的反抗，国际友人的人道主义精神，中国政府对南京大屠杀问题的重视，以及那前赴后继，为了维护历史真相，谴责罪恶战争的优秀的学者和作家们。而更令我们深思的是，我国的人民，在侵略者血淋淋的屠刀下，无论是勇敢的面对，积极的斗争，还是倒在屠刀之下，都为我们展示了一幅动人心魄、却又惨不忍睹的画面。我们了解这些历

屠刀下的花季

史，正是为了"以史为鉴、面向未来、勿忘国耻、振兴中华"。

中国领导人一贯重视中日关系发展。二战后，在两国老一辈领导人和各界有识之士长期不懈的努力下，在上个世纪70年代初中日实现邦交正常化。周恩来总理1972年对中日关系作了很好概括，"两千年友好，五十年对立"。两国关系的曲折变迁证明了中日两国"和则两利，斗则两伤"的道理。邓小平早在1984年就指出，发展中日关系要看得远些，第一步放到21世纪，还要发展到22、23世纪，这不只对一方有利，对两国和两国人民都有利。30多年来，中日经贸关系持续快速发展，双方相互依存日益加深。中日在许多地区和国际事务中也保持了协调与合作。尽管当前中日关系面临诸多困难，中方发展中日友好合作关系的方针没有改变，希望中日两国坚持和平共处、世代友好、互利合作、共同发展。

"扶桑已在渺茫中，家在扶桑东更东。此去谁与师共到，一船明月一船风"。这是唐代诗人韦应物赠送给归国日本僧人的诗句。这里的"明月"一词语意双关，诗人以此借喻自己对远去日本友人的思念之情。寥寥几行诗句，却是当时中日两国人民深情厚谊的真实生动的写照。中日之间，既有残忍的战争，也有长达数千年的友谊。我们今天纪念南京大屠杀，绝不是宣传仇恨，而是要把和平的种子播在中国孩子们的心里。日本的动画片《铁臂阿童木》、《森林大帝》、《聪明的一休》曾给中国少年儿童带来了一个全新天地，山口百惠与三浦友和演绎的爱情故事，让善良的中国人，洒下了多少同情的泪水，而《排球

上图为日本人晁衡，下图为诗人李白。

李白有《哭晁卿衡》一诗："日本晁卿辞帝都，征帆一片绕蓬壶。明月不归沉碧海，白云愁色满苍梧。"晁衡，原名阿倍仲麻吕。唐开元五年，随日本遣唐使团来中国求学，后留在唐朝做官。与诗人李白、王维等交好。天宝十二载，晁衡返回日本，途遇大风，传说被溺死。李白这首诗就是在这时写下的，表现了中日之间深厚的友谊。

"铁臂阿童木"和聪明顽皮的"一休哥",至今仍为中国小朋友们所喜爱,而电影《追捕》中的高仓健,在80年代几乎改变了中国女孩子的"男子汉"标准。

女将》、《阿信》等电视剧也让中国人领会到了日本民族特有的坚忍不拔的毅力。2007年是中日邦交正常化35周年。让我们在南京大屠杀的纪念碑前为逝去的人们祈祷,祈祷中日之间,永不再战!

中国国家主席胡锦涛同志曾就中日关系发展提出五点主张,为进一步推动中日关系健康稳定发展指明了方向。胡主席指出,第一,要严格遵守《中日联合声明》、《中日和平友好条约》和《中日联合宣言》三个政治文件,以实际行动致力于发展面向21世纪的中日友好合作关系。第二,要切实坚持以史为鉴、面向未来。日本军国主义发动的侵略战争给中国人民带来了深重灾难,也使日本人民深受其害。日本正确认识和对待历史,就是要把对那场侵略战争表示的反省落实到行动上,绝不再做伤害中国和亚洲有关国家人民感情的事。第三,要正确处理好台湾问题。台湾问题是中国的核心利益,涉及13亿中国人民的民族感情。日本政府多次表示坚持一个中国政策,不支持"台独"。希望日方以实际行动体现上述承诺。第四,要坚持通过对话,平等协商,妥善处理中日之间的分歧,积极探讨解决分歧的办法,避免中日友好大局受到新的干扰和冲击。第五,要进一步加强双方在广泛领域的交流和合作,进一步加强民间友好往来,以增进相互了解,扩大共同利益。

正如我们敬爱的周总理所说:"我们可以原谅,但是,我们绝不能忘却。"没有宽恕的仇恨,是一种偏狭的种族主义情绪,而麻木的忘却,更是一种不可宽恕的罪。因为,一个民族的历史,就是一个民族的记忆,也是

屠刀下的花季

一个民族心灵的构成，无论我们是否忘却，它都牢牢地烙在了民族的灵魂深处。近年来，有些学者，提倡遗忘"南京大屠杀"，而日本某些别有用心的政客，则要求将部分"反日"宣传材料退出南京大屠杀展馆。这无疑是十分错误的想法。前事不忘，后事之师。全人类必须共同努力，警惕法西斯势力抬头蔓延，防止悲剧重演。在深刻反思历史、警惕法西斯主义、重新赢得世界宽容方面，德国做出了表率。这方面日本足可借鉴。日本必须坚持与其政治观、经济观相称的历史观，并落实到切实行动。靠篡改历史教科书、极力淡化、美化侵略战争是行不通的。

亲爱的青少年朋友们，我希望你们能够通过阅读此书，真正地感受到和平的可贵，能在这些沉重的史料里，看到人性是如何被战争扭曲的，看到战争是如何以"光明正大"的理由进行血淋淋的屠杀的。看到人性在残忍的绝境里为了自尊和生存的正义反抗，看到人性在绝望中的互相救助和守望，看到无论是中国人、日本人，还是西方人，在审视这样一场人类历史丑陋的伤疤时，所迸发出的人的高贵的同情心、正义感和道德良知。同时，我们拒绝战争，但这绝不表明我们面对战争的无能。"落后就要挨打"，仁义和宽恕，从来不是弱者所能奢望的权力。"苟利国家生死以，岂因祸福避趋之"。牢记南京大屠杀，就是要弘扬抗日战争中孕育出的伟大民族精神和爱国主义精神，进一步凝聚民族力量，增强民族自尊心、自信心和自豪感。就是要让我们发愤图强，为祖国的四个现代化好好读书，多作贡献，在中国共产党的领导下，让有着5000年灿烂文明的中华儿女永远地屹立于世界民族之林！

南京大屠杀 69 周年纪念活动

侵华日军南京大屠杀遇难同胞纪念馆中的遇难者名单

# 后 记

这部有关南京大屠杀的书的编写，首先要感谢济南出版社的领导们。他们以高度的民族责任感和使命感，以对中华民族下一代负责任的态度，积极支持了该书的写作。同时，该书还要郑重地感谢南京大学南京大屠杀研究所的张宪文教授，正是在他无私的支持和帮助下，该书才获得了大量的第一手丰富的资料，特别是许多最近刚刚得到证实的学术成果。

此书的编写，除了得益于张宪文教授的《南京大屠杀史料集》外，还参考了《江苏文史资料》、经盛鸿先生的《南京沦陷八年史》，韩文宁、冯春龙的《见证1945——日本战犯审判》，郑光路、朱成山等学者作家的一些资料文字，以及一些报纸资料，相关图片。在此一并表示感谢，因时间紧迫，部分图文引用时无法与作者取得联系，我们特此致歉，希望作者见书后与出版社联系。

出版社地址:济南市二环南路1号

邮编:250002

电话:0531 - 86131712　86131727